KB177624

세계 역사 속에 나타난

불후의 서식 100

본 《English Bestseller》 시리즈는
동서양의 고전을 영어와 함께 엮은 지혜 · 교양서로서,
이 책을 선택한 여러분에게 인생의 좋은 친구가 될 것입니다.

세계 역사 속에 나타난

불후의 서식100

굿모닝스쿨

세계 역사 속에 나타난
불후의 서신 100

초판1쇄 2001년 6월 15일 │ 초판2쇄 2004년 8월 10일

저자 상무인서관 · 21세기영어교육연구회 공저 │ 발행인 김태웅
편집 강석기 │ 디자인 이상엽 │ 영업 이길구, 김성렬, 문승훈 │ 제작 이시우
발행처 굿모닝스쿨(동양문고內) │ 등록일자 1993년 4월 3일 │ 등록번호 제 10-806호
주소 서울시 마포구 서교동 375-5호 121-839 │ 전화 337-1737 │ 팩스 334-6624
http://www.dongyangbooks.co.kr
ISBN 89-8300-221-2 03740

ⓒ 2001 by Oriental Books

왜 지금 고전을 읽어야 하나?

이 책을 기획하게 된 동기는 미국의 저명한 소설가 마크 트웨인의 명언에서 출발한다.
"고전(古典)은 누구나 읽고 싶어한다. 그러나 누구도 감히 손을 대려하지 않는다"
이 말은 고전의 중요성과 함께 '고전읽기'의 두려움을 내포하고 있다. 고전이 우리들에게
흥미를 유발시키지 못하는 것은 감각적인 재미와 스피드를 주지 못하기 때문이다.
이러저러한 이유로 고전은 보편적인 진리를 담고 있음에도 불구하고, 쉽게 읽혀지지 않고
있는 것이다.

또한 고전에 대한 관심이 줄어들고 있는 까닭은 최근 폭발적인 수요로 증가하고 있는
인터넷에서 찾을 수 있다. 보다 폭력적이고 선정적인 내용의 무분별한 유입으로,
건전하고 자신의 소중한 가치관을 형성해나가야 할 청소년들에게 여과없이
노출시킴으로써, 주체성의 상실과 무분별한 모방을 통해 악영향을 미치고 있다. 이러한
사실은 청소년들에게 진지하게 사물을 생각하지 못하게 하며, 가시적 결과만 요구하게
만들고, 합리적인 사고와 진정한 비판의식이 결여되게 하는 원인이 되고 있다.

이에 본 21세기 영어교육연구회 소속 현직 영어 교사들은 한국의 젊은이들에게 건전한
지적 욕구와 참다운 용기와 포부를 길러주고, 지혜와 사고(思考)를 길러주는 생(生)의
길잡이가 될 수 있는 《English Bestseller》 시리즈를 기획하게 되었다.
그 동안 무수한 책이 출간되었지만, 현실적으로 그 양과 내용이 너무 방대하고 난해했다.
또 청소년들이 쉽게 흥미를 느끼고 접하기가 어려웠다. 본 《English Bestseller》
시리즈는 이러한 맹점을 극복하기 위한 대안으로 동서양의 정치, 경제, 사회, 문화, 역사,

문학, 고전, 과학, 풍물, 철학, 사상, 예술, 종교 등을 총망라하여, 객관적인 기준으로 엄선한 내용을 각 분야별로 100편씩 실었다. 고등학생 정도의 영어실력이면 누구나 쉽게 읽을 수 있도록 정리하여 독자들의 지적인 생활(Intellectual Life)에 도움이 되도록 노력했다.

독자들은 실생활과 긴밀하게 연결된 본 영한대역 시리즈를 읽음으로써 영어에 대한 두려움을 깨끗이 털어내게 될 것이며, 오역과 지나친 의역 등으로 왜곡된 편견을 바로잡게 될 것이다. 뿐만 아니라 영어 학습을 통해 폭 넓은 지식과 교양도 함께 습득할 수 있을 것이다.

《English Bestseller》 시리즈의 목표는 다음 몇 가지로 요약할 수 있다.

첫째, 다양한 외국 문화와 정서를 이해한다.

둘째, 맑고 투명한 사회의 일원으로서 올바른 가치관을 형성한다.

셋째, 보다 지적인 사회 생활을 영위한다.

넷째, 고도의 체계적인 사고(思考) 형성에 이바지한다.

필자의 바람은 본 시리즈가 학생들과 일반인들에게 건전한 학습의 장으로써 올바른 인격과 교양을 갖출 수 있도록 길잡이 역할을 하는 것이다. 더불어 본 시리즈를 통해 능력있고 성실한 사람이 존경받는 사회를 건설하는데 그 초석(礎石)이 될 수 있는 무한한 삶의 지혜와 용기를 얻었으면 한다.

모쪼록 본서가 학문을 보다 깊이 그리고 체계적으로 이해하는데 기초가 되기를 바란다. 영어의 분위기를 느끼고, 영어적 사고(英語的 思考 : English Mind) 형성에 조금이라도 기여가 된다면 그 이상 바랄게 없겠다.

<u>서신이란 소식을 알리거나 용건을 적어 보내는 글을 말한다.</u>

상대방에게 자신의 뜻을 전달하기 위한 사적인 문서이기도 하다. 대부분이 글자로 씌여지나, 그 중에는 암호나 부호로 씌어지는 비밀문서도 있으며 그림 편지 등도 있다. 본서는 고대 알렉산더 대왕의 서신, 사랑하는 여인 때문에 영국 성공회를 탄생시킨 헨리 8세의 서신, 나폴레옹의 서신, 위대한 음악가 베토벤의 서신, 노예 해방의 링컨 대통령의 서신 등의 중요 역사 기록과 내용들을 수록하였다. 따라서, 본서를 음미하다 보면 역사상 위대한 사람들이 남긴 서신들을 통해 그들이 갖고 있었던 신념, 사상, 감정 등을 엿볼 수 있으며, 그 글을 쓴 내면의 세계와 시대적 상황, 그리고 이 글을 쓴 동기가 무엇인지도 알 수 있다.

<u>본서의 글은 이제 모든 만인의 보편적인 역사와 문화와 지혜와 교훈이 담겨있는 가장 소중한</u>

인류의 문화유산 중 하나가 되었다. 따라서, 고등학생 정도의 실력이면 누구든지 어렵지 않게 읽고 내용을 이해할 수 있도록 모두 완역하기보다는, 그 내용이 뛰어나고 독자들에게 유익하고 흥미를 줄 수 있는 이야기들만 정선하여 영한대역으로 수록하였다. 특히, 독자들의 편의를 위하여 장황한 고어체(古語體) 설명과 이질적인 문화적 요소를 과감하게 줄이고, 그 핵심되는 이야기와 요점을 중심으로 읽기 편하고 지루하지 않으면서 서간문으로서의 독특한 맛을 손상시키지 않도록 세심하게 구성하였다. 본서에 등장하는 인물들과 사건에 얽힌 본래의 뜻과 역사적 배경을 이해하면서 읽다 보면 의외로 재미있고 흥미로운 점에 놀라게 될 것이다. 본서를 숙독하면서 영어도 배우고 선현들의 무한한 삶의 지혜와 용기를 함께 얻을 수 있기를 바란다.

Contents

Contents

Contents

For the Better Life
For the Intellectuel Life

1 Darius III to Alexander the Great

From the capital of the kings of the world:

As long as the sun shines on the head of Iskander the robber, etc., etc., let him know that the King of Heaven has bestowed on me the dominion of the earth, and that the Almighty has granted to me the surface of the four quarters.

Providence has also eminently distinguished me with glory, exaltation, majesty, and with multitudes of devoted champions and confederates.

A report has reached us that you have gathered to yourself numbers of thieves and reprobates, the multitude of whom has so elated your imagination that you propose through their co-operation to procure the crown and throne, lay waste our kingdom, and destroy our land and people.

다리우스 3세가 알렉산더 대왕에게

이 세상 모든 왕들 중에 가장 으뜸가는 왕으로부터:
태양이 도적 이스칸더 머리 위를 비추는 한 하늘의 왕이 짐에게 이 세상을
다스릴 권한을 주셨고 전능하신 신이 사방의 영토를 짐에게 주었음을 그가 알지라.
또한 신의 섭리가 영광과 존귀와 권능, 그리고 수많은 충성된 전사들과 동맹자들로
짐을 모든 사람들 위에 단연 뛰어나게 하셨도다.
네가 도둑들과 무뢰배들을 모았고 그들의 도움으로 내 왕관과 왕좌를 손에
넣고 내 왕국을 황폐케 하고 내 영토와 백성들을 쳐부수려는 헛된 망상을
하고 있다는 말을 들었도다.

다리우스 3세(?-기원전 331): 페르시아 제국 최후의 왕
알렉산더 대왕(기원전 356-323): 마케도니아의 왕

Iskander 알렉산더 대왕을 지칭 | bestow 주다, 수여하다 | dominion 지배 | the Almighty 전능자, 신
grant to ~에게 주다 | providence (신, 자연의) 섭리 | eminently 현저하게, 뛰어나게 | distinguish 구별하다
exaltation 높임, 찬미, 존귀 | majesty 위엄, 권능 | multitude 무리, 많은 수 | champion 투사, 전사
confederate 동맹자(국) | reprobate 무뢰한 | elate 높이다, 고양하다 | procure 손에 넣다, 획득하다
throne 왕좌 | lay waste 황폐하게 하다

Such crude resolves are perfectly consistent with the infatuation of the men of Room. It now behooves you, on reading the contents of this epistle, to return instantly from the place to which you have advanced.

As to this criminal movement which has proceeded from you, be under no alarm from our majesty and correction, as you are not yet ranked among the number of those who merit our vengeance and punishment.

Behold! I send you a coffer full of gold, and an assload of sesame, to give you by these two objects an idea of the extent of my wealth and powers.

I also send you a scourge and a ball: the latter, that you may amuse yourself with a diversion suitable to your age; the former, to serve for your chastisement.

그런 무리의 분별없는 열광이 그토록 어리석은 계획을 내놓는 것도 당연하다 하겠다.

그러나 이제 이 서한을 읽은 후에는 네가 출발했던 곳으로 즉시 돌아가야 한다.

네가 저지른 이 범죄행위에 관하여는, 아직 우리의 보복과 처벌을 받을 정도의 중죄에는 해당하지 않으니 우리의 권능을 두려워하거나 우리에게 어떤 제재를 받을까 떨지는 않아도 된다.

잘 보거라! 너에게 금을 가득 담은 궤와 참깨를 잔뜩 실은 당나귀 한 마리를 보내어 이 두 가지로 나의 부귀와 권력이 얼마나 대단한지 알게 하려 한다.

또한 채찍과 공도 함께 보낸다. 공은 그것으로 네 나이에 적당한 놀이를 하며 소일하라는 뜻이고 채찍은 너를 응징하는 뜻에서이다.

crude 버릇없는, 미숙한 | be consistent with ~와 일치하다 | infatuation 열중함, 심취함
epistle 편지, 서한 | instantly 즉시 | criminal 범죄의 | proceed 진행하다 | rank 위치를 정하다, 평가하다
merit ~할 만하다 vengeance 복수, 보복 | behold 보다 | coffer 궤, 상자 | assload 당나귀 한 마리에 실을 정도의 양
scourge 채찍 | amuse 즐겁게 하다 | diversion 오락, 유희 | chastisement 처벌, 응징
point behoove (it을 주어로) ~하는 게 의무이다, ~해야 한다

2 Alexander the Great to Darius Ⅲ (1)

From Zu-Ul-Kurnain, to him who pretends to be king of kings; that the very hosts of Heaven stand in awe of him; and that the inhabitants of the world are by him enlightened! How then can it be worthy of such a person to be afraid of a contemptible foe like Iskander?

Does not Dárá know that the High and Mighty Lord gives power and dominion to whomsoever He wills? And also, whenever a feeble mortal regards himself as a God, and conqueror over the hosts of Heaven, beyond doubt the indignation of the Almighty brings down ruin on his kingdom?

How can the person doomed to death and corruption be a God, he from whom his kingdom is taken away and who leaves the enjoyment of the world to others?

Lo! I have resolved to meet you in battle, and therefore march towards your realms. I profess myself the weak and humble servant of God, to whom I address my prayers and look for victory and triumph, and whom I adore.

알렉산더 대왕이 다리우스 3세에게(1)

    주울쿠르넨으로부터 스스로 왕중의 왕인 체 하면서 하늘의 일월성신이 자신을 경외하고 전 세계의 백성들이 자기의 은혜로 깨우침을 받았다고 착각하고 있는 자에게; 그렇게 잘난 사람이라면 이스칸더같이 보잘것없는 적을 어떻게 두려워할 수 있단 말인가?

    그대는 높고 전능하신 주께서 자신이 원하는 사람에게 힘과 세상을 지배할 수 있는 권한을 주신다는 것을 모르는가?

    그리고 연약하고 죽을 수밖에 없는 인간이 자신을 신으로, 하늘의 모든 천체의 주인으로 높인다면 전능자의 분노가 틀림없이 그 왕국을 멸한다는 것을 모르는가?

    죽어 썩어 없어질 인간이, 자기 왕국도 결국 빼앗기고 이 세상의 즐거움도 남에게 넘겨주어야만 할 인간이 어떻게 신이 될 수 있는가?

    보라! 나는 그대를 전장에서 만나기로 결심하였으니 그대의 영토로 진군해 갈 것이다.

    나는 나 자신이 약하고 비천한 신의 종임을 인정하며 그분을 찬미하고 기도를 드리며 승리를 구한다.

Zu-Ul-Kurnain 알렉산더 대왕을 지칭함 | host 많은 무리 | the hosts of Heaven 하늘의 일월성신, 천체들
awe 경외, 두려움 | enlighten 깨우치다, 계몽하다 | contemptible 경멸할만한, 보잘것없는 | foe 적
Dárá 다리우스 3세를 지칭함 | dominion 지배 | will 바라다, 원하다 | feeble 연약한, 힘없는
mortal 죽을 운명의, 유한한 | regard oneself as 자신을 ~으로 여기다 | beyond doubt 의심할 여지없이, 틀림없이
indignation 분노 | corruption 부패, 타락 | lo (古)보라! | resolve 결심하다 | profess 주장하다, 공언하다
address 말하다 | adore 찬미하다, 숭배하다
point doom to ~할 운명이다, ~하기로 되어 있다

Along with the letter in which you make a display of your great power you have sent me a scourge, a ball, a coffer filled with gold, and an assload of sesame; all of which I refer to good fortune and regard as auspicious signs.

The scourge portends that I shall be the instrument of your castigation and become your ruler, preceptor, and director.
The ball indicates that the surface of the earth and the circumference of the globe shall be under my lieutenants.

The coffer of gold, which is part of your treasure, denotes that your riches shall soon be transferred to me. And as to the sesame, although the grains are many in number, it is however soft to the touch and of all kinds of food the least noxious and disagreeable.

In return I send you a mustard seed, that you may taste and acknowledge the bitterness of my victory.

그대가 자신의 권력을 자랑하기 위해 편지와 함께 보낸 채찍, 공, 금이 들어있는
궤, 참깨 한 자루, 이 모든 것들을 나는 행운으로 생각하며 상서로운 징조로 여긴다.
　채찍은 내가 그대를 징계하는 도구로 쓰이고 그대의 지배자, 훈계자, 지도자가
될 전조이다.
　공은 지구의 표면, 모든 영역이 내 부관들의 관할 아래 놓이게 될 것이라는
것을 뜻한다.
　그대 보물의 일부인 금궤는 그대의 모든 재물이 곧 내게로 옮겨질 것을
나타낸다.
　참깨에 관하여는, 그 알갱이 숫자는 대단히 많지만 촉감이 부드럽고 모든
먹거리 중에서 가장 유해하지 않고 맛이 뛰어나다는 데 의미가 있다.
　**나는 답례로 겨자씨를 보내니 맛보고 내 승리의 쓴맛을 미리
인정하도록 하라.**

scourge 채찍, 매, 천벌 | auspicious 상서로운, 길조의 | portend 전조가 되다, ~을 미리 알리다
castigation 징계, 매질 | preceptor 훈계자, 교사 | circumference 원주, 둘레, 영역 | globe 지구
lieutenant 부관 | denote 나타내다, 표시하다 | noxious 유해한, 유독한
point disagreeable 불쾌한, 비위를 상하게 하는

And whereas through presumption you have exalted yourself, and have become proud through the grandeur of your kingdom, and pretend to be a Divinity on earth, and have even raised to the heavens this standard *I truly am your supreme lord;* and although by the enumeration of your numbers, preparations, and might you have endeavored to alarm me; yet I confidently trust in the interposition of Divine Providence, that it will please the Almighty to make thy boasting attended by the reproach of mankind; and that in the same proportion as you have magnified yourself.

He may bring on you humiliation and grant me victory over you. My trust and reliance are in the Lord. And so farewell.

그대는 단순히 말로 가정하여 자신을 높이고, 왕국이 크다하여 자만하고, 지상의 신성한 존재인양 하고, '내가 진정 위대한 너의 주인' 이라며 하늘까지 자신을 높였다.

그리고 자신의 군사가 많음과 전투 준비와 힘을 일일이 열거함으로서 나를 겁주려 하였다.

그러나 나는 신성한 하늘의 섭리가 개입하실 것과 그대가 자신을 높인 만큼 전능자가 그대의 오만한 자랑이 사람들의 비난을 받고 수치를 겪게 하실 것을 확실히 믿는다.

신께서 그대에게는 치욕을 내리시고 나에게는 승리를 주실 것이다.

나의 믿음과 순종을 주님께 바치며 이만 줄인다.

whereas ~임에 반하여 | presumption 가정, 추측 | exalt 높이다 | grandeur 웅대함, 장엄함
divinity 신성, 신 | enumeration 열거, 일일이 계산함 | endeavor 노력하다 | confidently 굳게
interposition 개입, 간섭 | reproach 비난, 불명예 | in the same proportion as ~만큼, ~하는 정도로
magnify 크게 하다, 확대하다 | humiliation 굴욕, 수치 | reliance 신뢰, 믿음

3 Alexander the Great to Darius Ⅲ (2)

Darius:

Darius (by whose name you are called), if history tell true, long ago laid waste all the Greek cities on the coast of the Hellespont; all the Ionian colonies on that side.

Neither was he content with this, but passing the sea with a vast army, made a second invasion; but being overcome in sea fight, himself retreated; yet let his general Mardonius, who in his absence should spoil all Greece, lay waste the fruitful fields, and raze the flourishing cities.

To this let me add the death of my father Philip, whose murderers you basely corrupted and suborned with the promise of a great sum of money.

Thus unjustly do you begin a war, and thus cowardly carry it on, by your endeavors to murder those basely whom you are afraid to encounter in the field; witness the one thousand talents you offered to any that should be my murderer, even when you were leading so great an army against me.

알렉산더 대왕이 다리우스 3세에게(2)

다리우스에게:

만약 역사가 전하는 것이 사실이라면, 다리우스(그대도 역시 이 이름으로 불리지만)는 오래 전에 헬레스폰트 해안의 모든 그리스 도시들과 그쪽의 이오니아 식민지들을 전부 황폐화시켰다.

그는 이에 만족하지 않고 대군을 이끌고 바다를 건너 두 번째로 침략을 감행했다.

그러나 해전에서 패배하고 후퇴했다. 하지만 그가 없는 상태에서 그리스 전 지역을 약탈하려던 마르도니우스 장군으로 하여금 비옥한 땅을 황폐화시키고 번영하던 도시들을 무너뜨리게 했다.

거기에 나의 아버지 필립 왕의 죽음도 덧붙일 수 있다. 그대는 비열하게 암살자들을 고용하고 많은 돈을 약속하며 그들을 사주했다.

그러므로 그대는 불의하게 전쟁을 시작하며 비겁한 방법으로 전쟁을 치르며 전장에서 마주치기 두려운 상대는 야비하게 살해하려고 한다. 그렇게 많은 군사를 이끌고 나에게 대항하면서도 나를 죽이는 자에게는 천 탤런트를 주겠다고 내걸었다.

---

lay waste 황폐화시키다 | retreat 후퇴하다, 물러나다 | in one's absence ~의 부재중에, ~이 없는 곳에서
spoil 약탈하다, 파괴하다 | raze 파괴하다, 무너뜨리다 | flourishing 번영하는 | basely 비열하게, 야비하게
suborn (돈으로) 매수하다, 사주하다 | cowardly 비겁하게 | carry on 진행하다, 계속하다
endeavor 노력 | encounter 마주치다, 만나다 | talent (옛 그리스 · 로마 · 히브리의) 무게, 화폐의 단위

The war therefore which at present I am engaged in, is in my own defense; and the gods, by giving success to my arms, in conquering a great part of your empire, have manifested the justice of my cause. I have conquered you in the field; and though I am not bound by honor or gratitude, to grant you any request, yet I promise faithfully, if you come to me in the way your condition requires, I will set at liberty your wife and children, even without ransom.

As a conqueror you have had experience; you shall see I know as well how to deal honorably with those I conquer. But if you doubt of your safety here I will promise that you shall have an escort to bring you and wait on you back.

In the meantime whenever you shall have occasion to write Alexander, remember you write to him not only as a king, but also your king.

그러므로 현재 내가 치르고 있는 이 전쟁은 나 자신을 방어하기 위한 것이다.

그리고 신들은 나의 군대를 승리하게 하시고 그대 영토의 상당부분을 점령하게 하심으로서 나의 정의로움을 밝혀주셨다.

내가 그대를 전장에서 이겼으므로 그대에게 어떤 호의나 은혜도 베풀 필요가 없고 어떤 요청도 들어줄 필요가 없지만 그대에게 신실하게 약속하겠다.

만일 형편에 맞는 방법으로 내 앞에 나아온다면 그대의 아내와 자녀들은 몸값도 받지 않고 풀어주겠다.

그대도 정복자로서의 경험이 있으니 내가 굴복시킨 자들을 얼마나 정중하게 존중하며 다루는지 알게 될 것이다.

그래도 자신의 안전이 염려된다면 여기서 약속하겠는데 그대를 데려오고 돌아갈 길을 지켜줄 호위병을 둘 수 있게 허락하겠다.

그리고 나 알렉산더에게 편지를 쓸 때마다 단순히 왕이 아니고 "그대의 왕"에게 편지를 쓴다는 것을 기억하라.

at present 현재, 지금 | manifest 드러내다, 증명하다 | be bound by ~에 속박되다 | grant 주다, 수여하다
faithfully 진실되게, 신실하게 | ransom 몸값 | escort 호위병 | in the meantime 우선, 그리고, 당분간
occasion 경우, 기회
point set at liberty 해방하다, 풀어주다

4 Diogenes to Aristippus

Aristippus:

You send me word that Alexander, King of Macedonia, has a great desire to see me. You did well to give him that title, for whatever the Macedonians may be, you know I am subject to nobody.

If that prince has a mind to be acquainted with me, and my manner of life, let him come hither, for I shall always think Athens as far distant from Macedon as Macedon is from Athens.

Farewell

디오게네스가 아리스팁포스에게

아리스팁포스에게:

마케도니아의 왕 알렉산더가 나를 무척 만나고 싶어하신다고 자네가 편지를 보내왔더군. 왕에게 마케도니아의 왕이란 칭호를 붙인 것은 잘한 일이야.

마케도니아인이 누구를 가리키던 간에 자네도 알다시피 난 누구의 지배도 받지 않거든.

만약 그 군주가 나와 친분을 맺고 내 생활방식에 대해 알고 싶은 생각이 있다면 여기로 오라고 하게.

마케돈이 아테네에서 먼 것만큼 아테네도 마케돈에서 멀다고 난 항상 생각하고 있거든.

잘 있게.

디오게네스(기원전 412-323): 그리스의 철학자
아리스팁포스(기원전 435-356): 그리스의 철학자

be subject to ~의 지배를 받는, 복종하는 | be acquainted with ~와 친분을 맺다, ~를 잘 알게 되다
manner 방식 | hither (古)여기로 | distant 먼, 떨어진

5 Saint Paul to the Corinthians(1)

...

For it is written,

"I will destroy the wisdom of the wise,

And will bring to nothing the understanding of the prudent."

Where is the wise? where is the scribe? where is the disputer of this world? hath not God made foolish the wisdom of this world?

For after that in the wisdom of God the world by wisdom knew not God, it pleased God by the foolishness of preaching to save them that believe.

For the Jews require a sign, and the Greeks seek after wisdom: but we preach Christ crucified, unto the Jews a stumbling block, and unto the Greeks foolishness; but unto them which are called, both Jews and Greeks, Christ the power of God, and the wisdom of God. Because the foolishness of God is wiser than men; and the weakness of God is stronger than men.

사도 바울이 고린도인들에게(1)

...
"내가 지혜로운 사람들의 지혜를 없애고
총명한 사람들의 분별력을 쓸모 없게 할 것이다."
하고 기록되어 있기 때문입니다.
지혜로운 자들이 어디 있습니까? 율법학자들은 어디 있습니까?
이 세상의 변론가들은 어디 있습니까? 하나님이 이 세상의 지혜를 어리석은 것으로
만들지 않았습니까?

하나님의 지혜에 있어서는 세상이 자기 지혜로 하나님을 알지 못하므로, 하나님은
어리석게 보이는 전도로 믿는 자들을 구원하시길 기뻐하십니다.

유대인들은 기적을 구하고 그리스인들은 지혜를 찾으나 우리는 십자가에 못 박히신
그리스도를 전하니 이는 유대인에겐 방해만 되는 장애물이요 그리스인에게는 어리석게
보이는 일입니다.

그러나 유대인이든 그리스인이든 부르심을 받은 자들에게 그리스도는 하나
님의 능력과 지혜입니다.

왜냐하면 하나님의 어리석음이 사람보다 지혜롭고 하나님의
약하심은 사람보다 강하기 때문입니다.

사도 바울(?-67) : 기독교의 대사도
고린도(Corinth) : 고대 그리스의 도시

prudent 총명한, 분별 있는 | **scribe** 율법학자, 서기관 | **disputer** 변론자, 논쟁자
preach 전도하다, 설교하다 | **the Jews** 유대인 | **seek after** ~을 찾다, ~을 구하다 | **crucified** 십자가에 처형된
stumbling block 장애물, 방해물 | **unto** (古) ~에, ~에게

For ye see your calling, brethren, how that not many wise men after the flesh, not many mighty, not many noble, are called: but God hath chosen the foolish things of the world to confound the wise; and God hath chosen the weak things of the world to confound the things which are mighty.

And base things of the world, and things which are despised, hath God chosen, yea, and things which are not, to bring to nought things that are: that no flesh should glory in his presence. But of him are ye in Christ Jesus, who of God is made unto us wisdom, and righteousness, and sanctification, and redemption: that, according as it is written, "He that glorieth, let him glory in the Lord." ...

형제 여러분, 여러분이 부르심 받은 것을 생각해 보십시오. 세속적으로 보았을 때 부르심을 받은 자들 중에 지혜로운 사람도 많지 않고, 권력 있는 자도 별로 없고, 집안이 좋은 사람도 많지 않습니다.

그러나 하나님은 세상의 어리석은 자들을 택하셔서 지혜로운 자들을 부끄럽게 하고 세상의 약한 것들로 힘있는 자들을 당황하게 하십니다.

그리고 대단한 자들을 밑바닥까지 낮추려고 세상의 비천하고 멸시받는 자들, 보잘것 없는 자들을 택하십니다.

이것은 어떤 인간도 하나님 앞에서 자랑하지 못하게 하려는 것입니다.

여러분은 하나님께로부터 나와서 그리스도 예수 안에 있게 되었는데, 예수님은 하나님께로부터 와서 우리의 지혜와 의로움과 거룩함과 구원이 되셨습니다.

이것은 "자랑하려는 사람은 주안에서 자랑하라"라고 쓰여진 말씀대로입니다....

ye 너희, 그대들 | brethren (종교상의) 형제, (동일교의) 신자 | after the flesh 세속적으로 | mighty 힘있는, 힘센 confound 혼란시키다, 당황하게 하다 | base 천한, 낮은 | despise 멸시하다 bring to nought 파멸시키다, 실패시키다 | flesh 육체, 육신 | glory 영광을 누리다, 자랑하다 in one's presence ~앞에서 | righteousness 정의, 의로움 | sanctification 거룩함 redemption 구원, (값을 치르고) 되찾음

6 Saint Paul to the Corinthians(2)

... Now concerning the things whereof ye wrote unto me: it is good for a man not to touch a woman. Nevertheless, to avoid fornication, let every man have his own wife, and let every woman have her own husband.

Let the husband render unto the wife due benevolence: and likewise also the wife unto the husband. The wife hath not power of her own body, but the husband: and likewise also the husband hath not power of his own body, but the wife.

Defraud ye not one the other, except it be with consent for a time, that ye may give yourselves to fasting and prayer; and come together again, that Satan tempt you not for your incontinency.

But I speak this by permission, and not of commandment.

For I would that all men were even as I myself. But every man hath his proper gift of God, one after this manner, and another after that.

I say therefore to the unmarried and widows, it is good for them if they abide even as I. But if they cannot contain, let them marry: for it is better to marry than to burn.

사도 바울이 고린도인들에게(2)

...

이제 여러분이 편지에 써 보낸 문제에 관하여는 남자가 여자를 가까이 않는 것이 좋다고 대답하겠습니다. 그러나 음란함을 피하기 위해서는 남자마다 자기 아내를 두고 여자마다 자기 남편을 두도록 하십시오.

남편은 아내에게 합당한 사랑을 주고 아내도 남편에게 그렇게 하십시오.

아내는 자기 몸을 다스릴 권리가 없고 남편에게 그 권리가 있으며 남편의 몸을 다스릴 권리는 아내에게 있습니다.

금식이나 기도에 전념하기 위하여 합의하에 잠시 동안 그러는 경우를 제외하고는 서로의 몸을 거절하지 마십시오. 그렇더라도 다시 합하여 사탄이 여러분의 절제하지 못함을 틈타 시험하지 않게 하십시오.

그러나 내가 이렇게 말하는 것은 명령이 아니라 권고입니다.

나는 모든 남자들이 다 나처럼 되기를 바라지만 사람은 저마다 하나님께 자기에게 적합한 선물을 받습니다. 어떤 사람은 이렇게 살고, 또 다른 사람은 저렇게 삽니다.

그러므로 미혼자들과 과부들에게 말합니다. 그들도 나처럼 혼자 지내는 것이 좋습니다.

하지만 절제할 수 없다면 결혼해야 합니다. 정욕에 불타는 것보다 결혼하는 편이 낫기 때문입니다.

---

whereof (관계사) 그것에 관하여 (about what) | fornication 음란, 간음 | render 주다
due 합당한, 응당 주어야 하는 | benevolence 자비심, 사랑 | defraud 사취하다, 빼앗다
fasting 금식 | incontinency 부절제, 음란 | commandment 명령 | contain 절제하다, 억누르다

And unto the married I command, yet not I, but the Lord, let not the wife depart from her husband: but and if she depart, let her remain unmarried, or be reconciled to her husband; and let not the husband put away his wife....

Though I speak with the tongues of men and of angels, and have not charity, I am become as sounding brass, or a tinkling cymbal.

And though I have the gift of prophecy, and understand all mysteries, and all knowledge; and though I have all faith, so that I could remove mountains, and have not charity, I am nothing. And though I bestow all my goods to feed the poor, and though I give my body to be burned, and have not charity, it profiteth me nothing. Charity suffereth long, and is kind; charity envieth not; charity vaunteth not itself, is not puffed up, doth not behave itself unseemly, seeketh not her own, is not easily provoked, thinketh no evil; rejoiceth not in iniquity, but rejoiceth in the truth; beareth all things, believeth all things, hopeth all things, endureth all things.

그리고 결혼한 사람들에게 말하는데 (이것은 내 말이 아니라 주님의 명령입니다) 아내가 남편을 떠나가게 해서는 안됩니다. 그러나 만약 헤어지더라도 재혼하지 않고 혼자 지내든지 남편과 다시 화해하도록 하십시오. 남편도 아내를 버려선 안됩니다....

내가 여러 가지 방언을 하고 천사의 말을 할지라도 사랑이 없으면 시끄러운 나팔이나 크게 울리는 꽹과리같이 될 것입니다.

그리고 내가 예언의 능력과 온갖 신비한 것들과 모든 지식을 이해하고 큰 믿음으로 산을 옮길 수 있다고 하더라도 사랑이 없으면 나는 아무 것도 아닙니다.

내가 가진 모든 것을 가난한 사람들에게 주고 내 몸을 불사르게 내어 준다해도 사랑이 없으면 나에게 아무 유익이 되지 않습니다.

사랑은 오래 고통을 참고 친절하며 질투하지 않고 자랑하지 않으며 잘난 체하지 않습니다. 사랑은 보기 흉한 행동을 하지 않으며 자기의 이익을 구하지 않고 쉽게 화내지 않고 악한 것을 생각하지 않고 불의를 기뻐하지 않고 진리 안에서 기뻐합니다. 사랑은 모든 것을 참고 모든 것을 소망하며 모든 것을 믿으며 모든 것을 견딥니다.

tongues 언어, 말, 방언 | charity 사랑, 자비 | brass 금관악기, 나팔 | tinkling 울리는 | prophecy 예언
bestow 주다 | vaunt 뽐내다, 자랑하다 | be puffed up 득의양양하다, 잘난 체하다
unseemly 꼴사나운, 보기 흉한 | provoke 화나게 하다 | iniquity 불의, 죄악 | endure 참다, 견디다
point be reconciled to ~와 화해하다, ~와 화합하다

Charity never faileth: but whether there be prophecies, they shall fail; whether there be tongues, they shall cease; whether there be knowledge, it shall vanish away. For we know in part, and we prophesy in part. But when that which is perfect is come, then that which is in part shall be done away.

When I was a child, I spoke as a child, I understood as a Child, I thought as a child: but when I became a man, I put away childish things.

For now we see through a glass, darkly; but then face to face: now I know in part; but thenall I know even as also I am known. And now abideth faith, hope, charity, these three; but the greatest of these is charity ....

PAUL, CALLED TO BE AN APOSTLE OF JESUS CHRIST THROUGH THE WILL OF GOD, AND SOSTHENES OUR BROTHER

PHILIPPI, 56 A. D.

사랑은 결코 없어지지 않습니다. 그러나 예언이 있어도 언젠가 사라지며, 방언도 그치고, 지식이 있어도 사라질 것입니다. 우리가 부분적으로 알고 부분적으로 예언하지만 완전한 것이 올 때에는 부분적인 것은 없어질 것입니다.

내가 어렸을 때는 어린아이처럼 말하고 어린아이처럼 이해하고 생각했습니다. 그러나 어른이 된 후에는 어린아이 같은 행동을 버렸습니다.

지금은 우리가 뿌연 유리를 통해 보는 것처럼 어렴풋이 보지만 그때가 되면 얼굴을 서로 맞대고 볼 것이며 지금은 내가 부분적으로 알지만 그때는 주께서 나를 아시는 것처럼 나도 완전히 알게 될 것입니다. **믿음, 소망, 사랑 이 세 가지는 오래 남아있을 것인데 그 중에 제일 위대한 것은 사랑입니다....**

...

하나님의 뜻을 통하여 예수 그리스도의 사도로 부름받은 바울과
우리 믿음의 형제 소스데네로부터

빌립보에서 기원후 56년

---

vanish away 사라지다 | in part 부분적으로, 불완전하게 | be done away 없어지다 | abide 머무르다, 남다
apostle 사도

7 Agrippina to Nero(1)

I do not wonder that barren Silana has no sense of maternal affection. One who has never borne a son naturally would not know how to bear the loss of one.

Nature renders either hateful or indifferent those objects that we do not ourselves experience....

I am amazed that even the most skillful sorcery of words could make you pay the least attention to such barbarous inhumanity...

Don't you know, my son, the affection all mothers naturally bear their children? Our love is unbounded, incessantly fed by that tenderness unknown to all but ourselves.

Nothing should be more dear to us than what we have bought with the risk of our lives; nothing more precious than what we have endured such grief and pain to procure.

아그리피나가 네로에게(1)

아이를 못 낳는 실라나는 어머니의 사랑이 어떤 것인지 전혀 모를 것이다.

아들을 낳아본 적이 없는 사람이 아들을 잃는 슬픔을 어떻게 견뎌야 하는지 모르는 것은 당연하다.

자연은 우리가 경험해보지 못한 그런 증오스럽거나 냉담한 것들을 만들어내기도 한다....

가장 교묘한 마법의 주문으로도 너의 마음을 움직여 그토록 야만스러운 잔인한 행위에 조금이라도 관심을 가지게 할 수 없다는 것이 놀라울 따름이다.

아들아, 모든 어머니들이 자식에게 자연히 느끼게 되는 애정을 너는 알지 못한단 말이냐? 우리의 사랑은 무한하고 어머니를 제외하고는 아무도 가질 수 없는 어떤 부드러움에서 끊임없이 흘러나온단다.

우리가 생명의 위험을 무릅쓰고 태어나게 한 아이보다 우리에게 더 사랑스러운 것은 없다. 그 심한 고통을 견디며 얻은 것보다 더 귀중한 것은 없어.

아그리피나 (15-59) : 네로 황제의 어머니. 황제 클라우디우스의 후처
네로 (37-68) : 네로 황제. 로마의 제 5대 황제.

wonder 생각하다 | barren 임신하지 못하는, 불모의 | maternal 어머니의, 모성의 | indifferent 무심한, 냉담한
amazed 깜짝 놀란 | skillful 교묘한 | sorcery 마법, 마술 | barbarous 야만적인 | inhumanity 잔혹행위, 몰인정
unbounded 무한한 | incessantly 끊임없이, 계속해서 | all but ~만 제외하고는 | procure 얻다, 획득하다

These are so acute and unbearable that if it were not for the vision of a successful birth, which makes us forget our agonies, generation would soon cease.

Do you forget that nine full months I carried you in my womb and nourished you with my blood?

How likely is it, then, that I would destroy the dear child who cost me so much anguish to bring into the world?

It may be that the just gods were angry at my excessive love of you, and used this way to punish me.

그 고통은 너무도 심하고 참을 수 없을 만큼 모질어서 태어날 아기를 기다리는 희망이 없다면 (그 희망이 괴로움을 잊게 해주는 거란다) 인류는 곧 존재하지 않게 될 것이다.

내가 아홉 달이 꽉 찰 동안 나의 자궁 안에 너를 품고 다니면서 나의 피로서 너를 길렀던 것을 잊었느냐?

그토록 엄청난 괴로움을 참아가며 세상에 내놓기 위해 애쓴 그 사랑스런 아이를 내가 어떻게 없앨 생각을 하겠느냐?

아마 공정하신 신들께서 너에 대한 나의 지나친 사랑에 노하셔서 나를 벌주시려고 이런 방법을 사용하시는가 보다.

---

acute 격심한, 날카로운 | unbearable 참을 수 없는 | agony 고통 | womb 자궁 | nourish 영양분을 주다, 기르다
anguish 고통, 괴로움
point if it were not for ~가 없다면, ~가 아니라면

8 Agrippina to Nero(2)

Unhappy Agrippina! You are suspected of a crime of which nobody could really think you guilty...

What does the title of empress mean to me, if I am accused of a crime that even the basest of women would abhor? Unhappy are those who breathe the air of the court.

The wisest of people are not secure from storms in that harbor. There even a calm is dangerous. But why blame the court? Can that be the cause of my being suspected of parricide? ...

Tell me, why should I plot against your life? To plunge myself into a worse fate? That's not likely.

What hopes could induce me to build upon your downfall?

I know that the lust for empire often corrupts the laws of nature;

that justice has no sword to punish those who offend in this way; and that ambition disregards wrong so long as it succeeds in its aim....

아그리피나가 네로에게(2)

불행한 아그리피나! 너(아그리피나 자신)는 도저히 네가 했다고는 생각할 수 없는 범죄를 저질렀다고 의심받고 있구나....

가장 비천한 여인네들도 혐오할 만한 죄를 지었다고 비난받는다면 여왕이라는 자리가 나에게 무슨 소용이 있겠느냐? 궁정의 공기를 마시며 사는 사람들은 불행하다.

가장 지혜로운 자들조차도 그 은밀한 곳에서 일어나는 폭풍우에 안전하지 않으니 말이다. 그곳에선 고요함조차도 위험하다. 하지만 궁정을 탓해서 무엇하겠느냐?

내가 아들을 죽이려 했다고 의심받는 이유가 어디 그 때문이겠느냐?

말해보아라. 내가 어째서 너의 목숨을 노리는 음모를 꾸미겠느냐? 더 불행한 운명의 늪에 나 자신을 던지려고? 그건 말도 안 된다.

도대체 어떤 희망이 있다고 내가 너를 짓밟고 일어나려고 하겠느냐? 제국을 차지하려는 욕망이 때때로 자연의 법칙을 변질시킨다는 것은 나도 안다.

이런 식의 죄를 범하는 사람들을 벌할 무기가 정의 편에 없으며 야망이 그 목적을 달성하는 한 어떤 잘못도 눈감아진다는 것도 안다....

---

empress 여제, 여왕 | accuse 고발하다, 비난하다 | abhor 혐오하다 | court 궁정 | harbor 은신처, 피난처
parricide 존속 살인 | plot 음모를 꾸미다, 계획하다 | plunge 던져 넣다 | induce 유혹하다, 이끌다
downfall 몰락, 멸망 | lust 욕망 | corrupt 타락하다, 부패하다 | offend 위반하다, 죄를 범하다
disregard 무시하다, 그냥 지나치다 | aim 목적
point be suspected of ~의 혐의를 받다

Nay, to what deity could I turn for absolution after I had committeed so black a deed? ...

What difficulties have I not surmounted to crown your brow with laurels? But I insult your gratitude by reminding you of my services.

My innocence ought not to defend itself but to rely wholly on your justice.

Farewell

글쎄, 내가 그렇게 사악한 짓을 한 후에 어떤 신에게 용서를 청할 수 있겠느냐?...

너의 머리 위에 승리의 월계관을 씌우기 위해 내가 어떤 어려움이라도 마다한 적이 있단 말이냐? 하지만 나의 수고를 너에게 상기시키는 건 너의 감사하는 마음에 대한 모욕이 될 것이다.

나의 결백함을 스스로 주장하기보다는 너의 공정한 판단에 전적으로 맡겨야만 할 것 같구나.

잘 있거라.

nay (古) 아니, 글쎄 ǀ deity 신성, 신 ǀ absolution 면제, 사면 ǀ deed 행위 ǀ surmount 극복하다, 오르다
crown (왕관을) 씌우다 ǀ laurel 승리, 월계관 ǀ wholly 완전히, 전적으로

9 The Younger Pliny to Emperor Trajan(1)

It is a rule, Sire, which I inviolably observe, to refer myself to you in all my doubts; for who is more capable of removing my scruples, or of guiding my uncertainty? Having never been present at any trials of the Christians, I am unacquainted as to the method and limits to be observed in examining and punishing them.

Whether, therefore, any difference is to be made with respect to age, or no distinction is to be observed between the young and adult; whether repentance admits to a pardon; or if a man has been once a Christian, it avails him nothing to recant; whether the mere profession of Christianity, albeit without any criminal act, or only the crimes associated therewith are punishable; in all these points I am greatly doubtful.

In the meanwhile the method I have observed towards those who have been denounced to me as Christians, is this:

I interrogated them whether they were Christians; if they confessed I repeated the question twice again, adding a threat of capital punishment; if they still persevered, I ordered them to be executed;

플리니가 트라야누스 황제에게(1)

폐하, 제가 스스로는 어찌할 바를 알지 못해 폐하의 지시와 처분을 바라는 것은 저로서는 지극히 당연하고 반드시 지켜야 하는 법이라고 할 수 있습니다.

폐하 외에 어느 누가 저의 망설임을 없애주고 불확실한 상황 속에서 저를 인도해 줄 능력이 있겠습니까? 기독교인들의 재판에 한번도 참석해본 적이 없는 저로서는 그들을 조사하고 처벌하는 방법이나 지켜져야 할 규범을 잘 알지 못합니다.

연령별로 차이를 두어야 하는지, 어린이와 성인을 전혀 구별할 필요가 없는지, 자기 죄를 참회하면 용서될 수 있는지, 일단 기독교인이 되었다면 아무것도 그의 죄를 없앨 수 없는지, 다른 범죄행동은 하지 않고 단순히 기독교인임을 인정한 것도 처벌해야 하는지, 아니면 기독교와 관련된 범죄행위만 처벌할 수 있는지, 이 모든 문제들에 있어서 저는 모르는 것이 너무 많습니다.

한편, 제가 기독교인으로 고발된 사람들에게 취한 조치는 다음과 같습니다.

먼저 기독교인이 맞는지 질문을 했습니다. 만약 자백을 하면 같은 질문을 반복하면서 사형을 당하게 된다는 협박을 덧붙였습니다.

그래도 계속 버티면 처형을 명령했습니다.

플리니(62-113): Bithynia 총독
트라야누스 황제(52-117): 로마의 황제. 5현제의 한 사람.

inviolably 범할 수 없게, 반드시 | observe 지키다 | refer to ~에게 맡기다, ~에 내어놓다 | scruple 망설임, 회의
unacquainted 모르는, 사정에 어두운 | with respect to ~에 관하여 | repentance 참회, 후회
avail ~의 소용에 닿다, 이롭게 하다 | recant 취소하다, 철회하다 | profession 주장, 인정
albeit (文) ~에도 불구하고 (=though) | associated 관련된 | therewith 그와 함께 | in the meanwhile 한편
denounce 비난하다, 고발하다 | interrogate 질문하다, 취조하다 | capital punishment 사형의 형벌
persevere 버티다, 견디다 | execute 처형하다

for I was persuaded, that whatever the nature of their creed, a contumacious and inflexible obstinacy certainly deserved chastisement.

There were others also brought before me possessed with the same infatuation: but being citizens of Rome, I directed them to be carried thither.

그들의 교리가 어떤 특성을 갖고 있든지 상관없이 그렇게 오만하고 완고한 고집은 징계를 받아 마땅하다고 생각했기 때문입니다.

같은 종교에 심취한 또 다른 사람들이 제 앞에 불려 나왔었지만 그들이 로마 시민들이었기 때문에 그쪽으로 호송하도록 명했습니다.

creed 교의, 신조 | contumacious 오만한, 반항적인 | inflexible 완고한, 융통성이 없는 | obstinacy 고집
chastisement 징계, 처벌 | possessed 사로잡힌 | infatuation 열중, 심취 | thither 그쪽으로, 저쪽에

10 The Younger Pliny to Emperor Trajan(2)

These accusations, from the mere fact that the matter was being investigated, began to spread, and several forms of the mischief came to light. A placard was posted up without any signature, accusing a number of people by name.

Those who denied that they were Christians, or had ever been so, who repeated after me an invocation to the gods, and offered religious rites with wine and frankincense to your statue (which I had ordered to be brought for the purpose, together with those of the gods), and finally cursed the name of Christ (none of which, it is said, those who are really Christians can be forced into performing), I thought proper to discharge.

Others who were named by the informer at first confessed themselves Christians, and then denied it; true, they had been of that persuasion formerly, but had now quitted it (some three years, others many years, and a few as much as twenty-five years ago). They all worshipped your statue, and the images of the gods, and cursed the name of Christ.

플리니가 트라야누스 황제에게(2)

이 일에 대한 조사가 진행되고 있다는 사실만으로 고발 행위는 확산되기 시작했고 여러 가지 형태의 해악들이 드러나게 되었습니다. 누가 썼는지 이름이 밝혀져 있지 않은 한 벽보에는 많은 사람들의 이름이 고발되어 있었습니다.

자신이 기독교인이 아니며 과거에도 그런 적이 없다고 부인하고, 제가 하는 대로 신들에게 올리는 기원문을 따라하고 포도주와 유향으로 폐하의 동상 (제가 이 목적을 위하여 다른 신들의 동상과 함께 운반해 오게 하였습니다)에 종교적인 의식을 올리고, 마지막으로 그리스도의 이름을 저주한 사람들은 (사람들의 말에 의하면 진정한 기독교인이라면 위 사항 중에 한 가지라도 행해서는 안 된다고 합니다) 석방하여도 무방하다고 생각했습니다.

고발자가 작성한 명단에 이름이 올라 있지만 처음에 기독교인이었음을 고백하고 이제는 부인하는 사람들, 즉 이전에는 그 신앙을 가지고 있었지만 이제는 신앙을 버린 사람들(어떤 사람은 3년 전에, 어떤 이는 그보다 더 오래 전에, 심지어 25년 전에 그만둔 이들도 있었습니다)은 폐하의 동상과 신들의 성상에 경배하고 그리스도의 이름을 저주했습니다.

accusation 고발, 비난 | mischief 해악, 해독, 악영향 | placard 벽보, 플래카드 | post up 붙이다
invocation 신의 도움을 구함, 기도 | rite 의식 | frankincense 유향(제사에 쓰는 향료) | discharge 석방하다, 풀어주다
informer 밀고자, 통지자 | persuasion 신앙, 종파 | image (조각, 그림 등의) 모습, 상

They affirmed, however, that the whole of their guilt or their error was, that they met on a certain fixed day before it was light and sang an antiphonal chant to Christ, as to a god, binding themselves by a solemn oath, not to any wicked deeds, but never to commit any fraud, theft or adultery, never to falsify their word, nor deny a trust when they should be called upon to deliver it up: after which it was their custom to separate, and then reassemble to partake of food — food of an ordinary innocent kind.

Even this practice, however, they had abandoned after the publication of my edict, by which, according to your orders, I had forbidden political associations. I judged it so much the more necessary to extract the real truth, with the assistance of torture, from two female slaves, called deaconesses. But I could discover nothing but depraved and excessive superstition.

I therefore thought it proper to adjourn all further proceedings in this affair, in order to consult with you. For the matter is well worth referring to you, especially considering the numbers endangered:

그러나 그들은 자신들의 모든 죄와 실수에 대해 이렇게 증언했습니다.

그들은 날이 밝기 전에 미리 정해진 어떤 날에 모여 마치 신에게 하듯이 그리스도에게 바치는 성가를 부르며 엄숙한 맹세로 어떤 악한 행동도 하지 않고 사기나 도적질, 간음의 죄를 결코 짓지 않고 약속을 배반하지 않으며 믿음을 전해야 할 때 그것을 부인하지 않겠다고 하였습니다.

그런 후에 헤어졌다가 다시 모여서 음식-보통의 해롭지 않은 음식-을 나누는 것이 관례였습니다.

그러나 이런 의식조차도 폐하의 명령에 따라 정치적인 집회를 금지한 저의 포고령이 발표된 뒤에는 포기하였다고 합니다.

저는 진실이 무엇인지 밝혀내는 것이 무척 필요하고 중요한 일이라고 생각하여 여집사라고 불리는 두 명의 여자 노예를 고문해가며 심문했지만 타락하고 정도가 지나친 미신이라는 것 외에 다른 것을 찾아낼 수는 없었습니다.

그러므로 저는 이 문제를 폐하에게 상의드리기 위하여 모든 재판 절차를 잠시 중단하는 게 옳다고 생각하게 되었습니다. 특히 처벌받을 위험에 처한 사람들의 숫자를 고려해 볼 때 폐하께 보고할 만한 충분한 가치가 있습니다.

affirm 확인하다, 증언하다 | fixed 정해진 | antiphonal (번갈아 부르는)교송 성가 | chant 노래, 찬송
bind 묶다, 속박하다 | solemn 엄숙한, 신성한 | oath 맹세, 서약 | fraud 사기, 거짓 | adultery 간음, 간통
falsify 왜곡하다, 배신하다 | reassemble 다시 모이다 | partake (음식을) 같이 하다 | edict 칙령, 포고
extract 뽑아내다, 밝혀내다 | torture 고문 | deaconess 여집사 | depraved 타락한, 사악한 | superstition 미신
endangered 위험에 처한

persons of all ranks and ages, and of both sexes, are and will be involved in the prosecution. For this contagious superstition is not confined to the cities only, but has spread through the villages and the countryside.

Nevertheless it seems still possible to check and cure it.

The temples, at least, which were once almost deserted, begin now to be frequented, and the sacred solemnities, after a long intermission, are again revived: while there is a general demand far sacrificial animals which for some time past have met with but few purchasers. From hence it is easy to imagine, what numbers might be reclaimed from this error, if the door is left open to repentance.

지위에 있어서나 연령별로도 아주 다양하며 남성, 여성 모두 포함되어 있는 사람들이 현재, 또 앞으로 기소될 것입니다. 그리고 이 전파력이 강한 미신은 도시에만 국한된 문제가 아니라 지방 시골 마을들에도 퍼져 있습니다.

그러나 아직은 그 미신을 막고 없애는 것이 가능해 보입니다.

한때 거의 버려지다시피 했던 사원들에도 이제는 사람들의 발길이 찾아지기 시작했고 신성한 제전과 의식들도 오랜 중단 끝에 다시 활기를 띠고 있습니다.

한편 한동안 찾는 사람이 거의 없었던 희생제사용 동물들에 대한 수요도 상당해졌습니다. 그러니 만일 참회의 문이 계속 열려 있다면 얼마나 많은 사람들이 개심하고 돌아올지 짐작하는 것은 그리 어렵지 않습니다.

---

rank 지위, 서열 | prosecution 기소, 구형 | contagious 전파되는, 전염되는 | confine 제한하다
check 저지하다, 억누르다 | cure 치료하다, 고치다 | deserted 황폐한, 버려진 | frequent 종종 방문하다
sacred 신성한 | solemnities pl) 의식, 제전 | intermission 휴식, 중단 | sacrificial 희생적인 | purchaser 구매자
hence 그러므로 | reclaim 교화하다, 개심하다

11 Aurelian to Zenobia

What I now require you ought to have done long since of your own accord.

I command you to surrender the city, and thereupon promise both you and yours your lives, but not your liberty.

You, Zenobia, and your children must be content to go, where I and the most august Senate of Rome think fit to place you.

Your jewels, gold, silver, and other riches must all be confiscated to the Roman treasury.

Your subjects alone will be freed from captivity, and have their privileges assured them.

아우렐리아누스가 제노비아에게

이제 내가 그대에게 요구하는 것은 벌써 오래 전에 그대가 자발적으로 했어야 했던 일이다.

그대에게 명령하나니 성을 포기하고 내놓아라.

그러면 그대와 가족들의 목숨은 살려주겠다. 그러나 자유까지는 줄 수 없다.

그대 제노비아와 그 자녀들은 나와 가장 존엄한 로마 원로원이 적당하다고 결정하는 곳에 가서 사는 데 만족해야 한다.

그대의 보석, 금, 은, 다른 재물들은 전부 로마 국고에 몰수되야 한다.

그대의 신민(臣民)들만이 풀려나서 그들에게 보장된 권리를 누리게 될 것이다.

아우렐리아누스(212?-275) : 군인 황제시대의 로마황제
제노비아(?-295) : 시리아의 고대도시 팔미라의 여왕

long since 오래 전에 ┃ surrender 넘겨주다, 포기하다 ┃ thereupon 그래서, 그런 까닭에 ┃ content 만족한
august 존엄한, 당당한 ┃ Senate (옛 로마의) 원로원 ┃ place 두다, 놓다 ┃ confiscate 몰수하다, 압수하다
treasury 국고, 금고 ┃ subject 국민, 신하 ┃ captivity 감금, 속박 ┃ privilege 특권 ┃ assure ~에 보장하다
point of one's own accord 자발적으로

12 Zenobia to Aurelian

No man ever yet presumed to command me as you have done. Bravery alone, Aurelian, will accomplish your ends in war.

You demand that I surrender my city of Palmyra as if you did not know that my ancestress, Cleopatra, preferred to die a queen than live a slave, of however great position, to your predecessor Augustus.

We await help from the Persians.

The Saracens arm for us; the Armenians have declared in our favor; a band of highwaymen has defeated your army in Syria.

Then judge what is in store for you when all these forces arrive.

You will surely change your tone then, and not command me so imperiously to give up my birthright, as if you were the absolute disposer of the universe.

제노비아가 아우렐리아누스에게

지금까지 그대가 한 것처럼 감히 나에게 명령한 자는 단 하나도 없었다.

아우렐리아누스, 오직 전장에서의 용맹함으로만 그대의 목적을 달성할 수 있을 것이다.

그대는 마치 나의 선조 클레오파트라가 대단한 지위가 보장된다 하더라도 그대의 전임자 아우구스투스의 노예로 살기보다는 여왕으로 죽는 편을 택하였다는 사실을 모르는 사람처럼 나의 팔미라 성을 내놓으라고 요구하고 있다.

우리는 페르시아의 도움을 기다리고 있는 중이다.

사라센도 우리를 위해 무장하고 있으며 아르메니아인들도 우리를 지지한다고 선언했다. 그대의 로마군은 시리아에서 한 무리의 강도떼에게도 진 적이 있다.

그렇다면 이 모든 군대들이 다 도착했을 때 어떤 운명이 그대를 기다리고 있을지 생각해 보라.

그때는 분명히 어조를 바꾸어 마치 우주의 절대 지배자나 되는 듯이 나의 타고난 권리를 포기하라고 그토록 오만하게 명령하지는 못할 것이다.

아우구스투스 황제 : 로마의 제 1대 황제

presume 감히 ~하다, 대담하게 ~하다 | bravery 용맹 | ends 목적 | Palmyra 팔미라 (시리아의 고대도시)
ancestress (여자) 선조, 조상 | prefer to ~하는 편을 택하다, ~을 더 좋아하다 | predecessor 전임자
in one's favor ~를 지지하여, ~를 편들어 | band 무리, 떼 | highwayman 노상강도 | forces 병력, 군대
imperiously 오만하게 | birthright 장자로서의 권리, 생득권 | absolute 절대적 | disposer 처분자, 지배자
point in store for (운명이) ~에게 닥쳐오고 있는, ~을 위해 준비되어 있는

13 Saint Jerome to a Friend

I shudder when I think of the calamities of our time. For twenty years the blood of Romans has been shed daily between Constantinople and the Alps.

Scythia, Thrace, Macedon, Thessaly, Dacia, Achaea, Epirus — all these regions have been sacked and pillaged by Goths and Alans, Huns ana Vandals.

How many noble and virtuous women have been made the sport of these beasts! Churches have been overthrown, horses stalled in the holy places, the bones of the saints dug up and scattered.

Indeed, the Roman world is falling; yet we still hold up our heads instead of bowing them.

The East, indeed, seemed to be free from these perils; but now, in the year just past, the wolves of the North have been let loose from their remotest fastnesses, and have overrun great provinces. They have laid siege to Antioch, and invested cities that were once the capitals of no mean states.

제롬 성인(聖人)이 한 친구에게

이 시대의 재앙을 생각할 때에 전율을 금할 수 없네.

지난 20년간 콘스탄티노플에서 알프스 산맥에 이르는 지역에서 매일매일 로마인들이 피를 흘려 왔다네.

스키타이, 트라키아, 마케돈, 테살리아, 다키아, 아카이아, 에피루스 이 모든 지역들이 고트족과 알란족, 훈족, 반달족에게 약탈당했지.

얼마나 많은 고결하고 현숙한 여인들이 이 야수들의 노리개감이 되었는지!

교회는 무너지고 성소는 말들의 마구간으로 변하고 성자들의 뼈가 파헤쳐져 여기저기 흩어져 있다네.

정말이지, 로마 제국은 몰락하고 있네. 하지만 아직도 우리는 그들에게 고개를 숙이는 대신 머리를 빳빳이 세우고 있지.

동쪽 지역은 이런 위험에서 벗어나 있는 듯이 보였지만 지금은 아닐세.

바로 작년에 북쪽의 늑대들이 그들의 외딴 요새에서 뛰쳐나와 평화로운 지방들을 침략했네. 그들은 안티옥을 포위하고 한때는 강력한 국가들의 수도였던 도시들을 공격했지.

제롬(340~420): 로마의 종교가

shudder 떨다, 전율하다 ㅣ calamity 재난, 재앙 ㅣ shed-shed-shed 뿌리다, 흘리다 ㅣ sack 약탈하다, 노략질하다
pillage 강탈하다, 약탈하다 ㅣ sport 희롱, 오락 ㅣ overthrow 전복하다, 무너뜨리다 ㅣ stall 축사에 넣다, 처박아 놓다
peril 위험 ㅣ let loose 풀어주다 ㅣ remote 멀리 떨어진, 외진 ㅣ fastness 요새 ㅣ overrun 침략하다
lay siege to ~를 포위하다 ㅣ invest 공격하다, 포위하다 ㅣ mean 천한, 낮은

Well may we be unhappy, for it is our sins that have made the barbarians strong; as in the days of Hezekiah, so today is God using the fury of the barbarian to execute His fierce anger. Rome's army, once the lord of the world, trembles today at sight of the foe.

Who will hereafter believe that Rome has to fight now within her own borders, not for glory but for life? and, as the poet Lucan says, "If Rome be weak, where shall strength be found?"

And now a dreadful rumor has come to hand. Rome has been besieged, and its citizens have been forced to buy off their lives with gold.

My voice cleaves to my throat; sobs choke my utterance.

The city which had taken the whole world captive is itself taken. Famine too has done its awful work.

The world sinks into ruin: all things are perishing save our sins; these alone flourish.

The great city is swallowed up in one vast conflagration ; everywhere Romans are in exile.

우리가 불행을 자초했는지도 모르지. 왜냐하면 우리의 죄가 그 야만인들을 강하게 했으니까.

히스기야왕의 시대처럼 하나님께서 그들의 광포함을 도구로 사용하셔서 오늘날 그의 무서운 분노를 쏟아 붓고 계신 게야. 한때는 세계를 지배했던 로마군이 요즘은 적이 나타나기만 하여도 벌벌 떤다네.

이제부터는 로마가 그 영토 안에서, 그것도 제국의 영광이 아니라 목숨을 부지하기 위해 싸워야 한다는 것을 어느 누가 믿겠는가? 그리고 루칸 시인이 말한 대로 "만약 로마가 약하다면 도대체 어디에서 힘을 찾을 수 있을 것인가?"

지금 끔찍한 소문이 들린다네. 로마가 포위되었고 시민들은 금을 바치고 목숨을 구걸한다는 거야. 목소리는 목안에서 갈라지고 울음이 복받치고 목이 메어서 말도 할 수가 없네. 전세계를 점령했던 나라가 이제 점령당하는 걸세. 게다가 기근이 심하여 형편이 말이 아닐세.

세상이 폐허가 되어가고 있네. 우리의 죄를 제외하고는 모든 것이 멸망하고 있어. 죄만이 기세를 올리고 있지. 거대한 재난의 불길이 이 도시를 단번에 삼켰고 어딜 봐도 유랑하는 로마인들로 가득하네.

히스기야 왕 : 옛 남유다의 왕

barbarian 야만인 | tremble 떨다 | at sight of ~을 보고, ~이 나타나면 | hereafter 지금부터, 이후로는
border 국경 | dreadful 무서운 | come to hand 손에 들어오다, 나타나다 | besiege 포위 공격하다
buy off 매수하다, 돈을 주고 모면하다 | cleave 쪼개지다, 갈라지다 | sob 울음, 흐느낌
choke 질식시키다, 숨막히게 하다 | take captive ~를 포로로 하다, ~를 잡다 | famine 기근, 가뭄
perish 사라지다, 멸망하다 | save ~을 제외하고는 | conflagration 재난, 불길 | in exile 유랑하여, 추방되어

Who could believe it? who could believe that Rome, built up through the ages by the conquest of the world, had fallen; that the mother of nations had become their tomb? who could imagine that the proud city, with its careless security and its boundless wealth, is brought so low that her children are outcasts and beggars?

We cannot indeed help them; all we can do is sympathize with them, and mingle our tears with theirs.

　누가 믿을 수 있겠나? 오랜 세월에 걸쳐 세계를 정복하며 세워진 로마가 몰락하고 많은 나라들의 본국이 된 나라가 이제 그들의 무덤으로 변한 것을 어찌 믿겠나?

　튼튼한 국방과 한없는 부귀영화를 자랑하던 나라가 이런 나락으로 떨어져서 아이들이 부랑아나 거지가 되었다는 것을 누가 믿겠는가?

　우리는 그 아이들을 도울 수도 없네.

　그냥 동정만 하면서 그들의 눈물에 우리의 눈물을 섞고 있을 뿐이라네.

boundless 끝없는 | outcast 부랑자, 집 없는 사람 | mingle 섞다

14 Henry VIII to Anne Boleyn

Myne awne Sweetheart, this shall be to advertise you of the great ellingness that I find here since your departing, for I ensure you, me thinketh the Ty me longer since your departing now last than I was wont to do a whole Fortnight;

I think your Kindness and my Fervence of Love cause th it, for otherwise I wolde not thought it possible, that for so little a while it should have grieved me,

but now that I am comeing toward you, me thinketh my Pains by half released, and also I am right well comforted, insomuch that my Book maketh substantially for my Matter, in writing whereof I have spent above 4 Hours this Day, which caused me now write the shorter Letter to you at this Tyme, because of some Payne in my Head, wishing my self(specially an Evening) in my Sweethearts Armes whose pritty Duckys I trust shortly to kysse.

Writne with the Hand of him that was, is, and shall be yours by his will,

H. R.

헨리 8세가 앤 불린에게

내 사랑, 이 편지로 그대가 떠난 후에 내가 느끼는 쓸쓸함에 대해 알려주려고 하오.
그대가 가버린 이후로 그 전 2주일 동안 느꼈던 것보다 시간이 더 길어진 것 같다는 것을
확실히 말할 수 있소.
그대의 다정함과 나의 사랑에 대한 열정이 그 이유라고 생각하오.
그것이 아니라면 그렇게 짧은 기간 동안 날 그렇게 괴롭게 하는 건 불가능하다고 생각
했을 거요.
하지만 이제 내가 곧 당신에게로 가게 될 것을 생각하니 나의 고통이 절반은 덜어지는
것 같소. 그리고 또한 나의 책을 쓰는 것이 내가 느끼는 고통을 상당히 상쇄해 주고 있어서
기분이 많이 좋아졌소.
그것을 쓰느라고 오늘 네 시간 이상 걸렸기 때문에 그대에게는 이제서야 짧은 편지를
쓰고 있소. 지금 머리가 좀 아프기 때문에 머지 않아 만나서 입맞춤하게 될 아름답고
사랑스러운 그대 품에 안기어 있다면(특히 저녁때에) 얼마나 좋을까 생각하고 있소.
전에도 그대의 것이었고 현재도 미래에도 영원히 그대의 소유이기를 바라는 사람이
보내오.

H.R

헨리 8세(1491-1547) : 영국의 왕.
앤 불린(1507-1536) : 헨리 8세와 결혼하여 왕비가 되었다가 나중에 사형당함. 엘리자베스 여왕의 어머니.

fortnight 2주일간 | **insomuch** ~만큼, ~이므로 | **substantially** 충분히

15 Anne Boleyn to Henry VIII(1)

Sir, Your Grace's Displeasure, and my Imprisonment, are Things so strange unto me, as what to Write, or what to Excuse, I am altogether ignorant.

Whereas you send unto me (willing me to confess a Truth, and to obtain your Favour) by such an one whom you know to be mine ancient professed Enemy; I no sooner received this Message by him, than I rightly conceived your Meaning;

and if, as you say, confessing a Truth indeed may procure my safety, I shall with all Willingness and Duty perform your Command.

But let not your Grace ever imagine that your poor Wife will ever be brought to acknowledge a Fault, where not so much as a Thought thereof preceded. And to speak a truth, never Prince had Wife more Loyal in all Duty, and in all true Affection, than you have ever found in *Anne Boleyn*, with which Name and Place I could willingly have contented my self, if God, and your Grace's Pleasure had been so pleased.

앤 불린이 헨리 8세에게(1)

폐하, 폐하의 노여움과 저의 감옥생활 모두 저에게는 너무나 납득할 수 없는 이상한 일이라 무엇을 써야 할지, 어떻게 변명을 해야 할지 전혀 알 수가 없습니다.

폐하께서 오랜 동안 저의 공공연한 적이었던 사람(폐하도 그것을 알고 계십니다)을 보내오신 까닭에 (그는 저에게서 '진실'을 자백받고 폐하의 총애를 얻으려고 왔겠지요) 저는 그에게서 전갈을 받자마자 폐하의 뜻을 금방 알아차릴 수 있었습니다.

그리고 말씀하신 대로 진실을 고백함으로서 저의 일신의 안전을 지킬 수 있다면 기꺼이 폐하의 명령에 따르겠습니다.

그러나 폐하의 가련한 아내가 죄를 인정하리라고는 기대하지 말아 주십시오. 저는 한번도 잘못된 생각조차 한 적이 없으니 말입니다.

진실로 폐하께서 앤 불린에게 받으신 것보다 더 많은 충성심과 애정을 아내에게서 받아본 왕은 단 하나도 없습니다. 저는 하나님과 폐하께서 허락하시고 기뻐하신다면 제 이름과 지위에 기꺼이 만족할 수 있었을 것입니다.

Your Grace 폐하, 각하 (왕이나 귀족에 대한 경칭) | displeasure 노여움, 불쾌함 | imprisonment 감금 altogether 전혀, 아주 | no sooner ~ than ~하자마자 | rightly 곧, 즉시 | ignorant 모르는, 무지한 whereas ~인 까닭에 | professed 공공연한 | conceive 느끼다, 이해하다 | procure 얻다 willingness 의지, 기꺼이 함 | thereof 그것에 관하여 | precede 선행하다, 앞서다 | content with ~에 만족하다

Neither did I at any time so far forget my self in my Exaltation, or received Queenship, but that I always looked for such an Alteration as now I find;

for the ground of my Preferment being on no surer Foundation than your Grace's Fancy, the least Alteration, I knew, was fit and sufficient to draw that Fancy to some other Subject.

You have chosen me, from a low Estate, to be your Queen and Companion, far beyond my Desert or Desire.

If then you found me worthy of such Honour, Good your Grace let not any light Fancy, or bad Councel of mine Enemies, withdraw your Princely Favour from me;

neither let that Stain, that unworthy Stain of a Disloyal Heart towards your good Grace, ever cast so foul a Blot on your most Dutiful Wife, and the Infant Princess your Daughter:

저는 한시라도 제가 주제넘게 감히 이런 위치에 올라 왕비까지 되었다는 것을 잊어버린 적이 없으며 항상 지금 제가 처한 이런 상황이 오리라고 생각하고 있었습니다.

왜냐하면 저를 선택하신 이유가 폐하의 일시적인 호감 그 이상은 아니었으므로 아주 작은 일로도 그 호감을 다른 곳에 돌리실 수 있다는 것을 알았기 때문입니다.

폐하께서는 낮은 지위에 있던 저를 택하셔서 폐하의 왕비이자 동반자로, 저의 가치와 희망을 훨씬 뛰어넘는 높은 자리로 올려주셨습니다.

그러한 영광에 저를 조금이라도 합당하다고 생각하셨다면 그 어떤 변덕스러운 생각이나 적이 저를 험담하는 말 때문에 저에게 베푸셨던 은총을 거두지 마시고, 또 폐하께 불충한 자가 폐하의 가장 충실한 아내와 폐하의 아기인 어린 공주를 더럽히고 욕보이지 못하게 하여 주소서.

---

exaltation 높임, 고양 | queenship 왕비의 자리 | alteration 변경, 개조 | preferment 발탁, 승진
fancy 일시적인 생각, 변덕 | estate 지위, 계급 | companion 동료, 동반자
desert (~를 받을 만한) 가치, 가격 | councel 조언, 의논 (=counsel) | withdraw 철수하다, 거두다
stain 더러움, 얼룩 | unworthy 가치 없는 | disloyal 불충한 | foul 더러운, 부정한 | blot 흠, 오점

16 Anne Boleyn to Henry VIII(2)

Try me good King, but let me have a Lawful Trial, and let not my sworn Enemies sit as my Accusers and Judges; yea, let me receive an open Trial, for my Truth shall fear no open shame ;

then shall you see, either mine Innocency cleared, your Suspicion and Conscience satisfied, the Ignominy and Slander of the World stopped, or my Guilt openly declared.

So that whatsoever God or you may determine of me, your Grace may be freed from an open Censure;

and mine Offence being so lawfully proved, your Grace is at liberty, both before God and Man, not only to execute worthy Punishment on me as an unlawful Wife, but to follow your Affection already settled on that Party, for whose sake I am now as I am, whose Name I could some good while since have pointed unto: Your Grace being not ignorant of my Suspicion therein.

앤 불린이 헨리 8세에게(2)

저를 재판하시되 법적으로 공정한 재판을 받게 해 주십시오.

저의 불구대천의 원수들이 고소인과 재판관으로 법정에 앉아 있지 못하게 해 주십시오. 저의 진실함은 공개적으로 부끄러움을 당할까 두려워할 필요가 없으니 공개 재판을 받도록 해 주십시오.

그렇게 되면 저의 무고함이 밝혀지고 폐하의 의심이 사라지고 폐하의 도덕심이 충족되고 세상 사람들의 모욕과 중상이 그치게 되겠지요.

그렇지 않다면 저의 죄가 만천하에 공표될 것입니다.

그러면 하나님과 폐하께서 저에 대해 어떤 결정을 내리시든 폐하께서는 사람들의 비난을 피하실 수 있을 겁니다.

그리고 저의 범죄가 법적으로 증명되어 폐하는 하나님과 사람들 앞에서 자유의 몸이 되셔서 법적으로 인정받지 못하는 아내가 된 저에게 합당한 벌을 내리실 뿐 아니라 이미 다른 곳을 향한 폐하의 애정을 자유롭게 따르실 수 있겠지요.

제가 지금 이런 처지가 된 것도 그 여인 때문입니다. 상당한 기간 동안 저는 그 이름을 주목해 왔으며 폐하께서도 저의 의심을 알고 계셨습니다.

sworn enemy 불구대천의 원수 |accuser 고소인, 고발자 |shame 부끄러움, 수치 |innocency 결백함, 순결함
suspicion 의심 |conscience 양심, 도덕심 |ignominy 치욕, 불명예 |slander 중상, 비방
declare 공포하다, 선언하다 |censure 비난, 질책 |offence 잘못, 죄 |at liberty 자유로이 |execute 실행하다
unlawful 불법한, 부정한

17 Anne Boleyn to Henry VIII (3)

But if you have already determined of me, and that not only my Death, but an Infamous Slander must bring you the enjoying of your desired Happiness; then I desire of God, that he will pardon your great Sin therein, and likewise mine Enemies, the Instruments thereof;

and that he will not call you to a strict Account for your unprincely and cruel usage of me, at his General Judgment-Seat, where both you and my self must shortly appear,

and in whose Judgment, I doubt not, (whatsoever the World may think of me) mine Innocence shall be openly known, and sufficiently cleared.

My last and only Request shall be, That my self may only bear the Burthen of your Grace's Displeasure,

and that it may not touch the Innocent Souls of those poor Gentlemen, who (as I understand) are likewise in strait Imprisonment for my sake.

앤 불린이 헨리 8세에게(3)

하지만 이미 저에 대한 결정을 내리셨다면, 저의 죽음뿐 아니라 수치스러운 불명예도 폐하의 즐거움이 된다면, 그렇다면 저는 하나님께서 폐하의 커다란 죄를 용서해 주시고 저를 치는 도구가 된 저의 적들도 용서해 주시길 바랍니다.

그리고 폐하와 저 자신 모두 곧 나아가게 될 그분의 심판대에서 폐하께서 정당하지 못하고 무자비한 방법으로 저를 이용하신 데 대해 너무 엄격하게 죄를 묻지 않으시길 바랍니다.

하나님의 심판에서는 (세상이 저를 어떻게 생각하든) 저의 결백함이 온 천하에 충분히 밝혀질 것을 믿어 의심치 않습니다.

저의 마지막이자 유일한 소망은 저 혼자 폐하의 노여움을 다 짊어지는 것이며 (제가 알기로는) 저 때문에 역시 좁은 감옥에 갇혀 있는 불쌍한 사람들의 무고한 영혼들은 벌하지 말아 주십사 하는 것입니다.

---

infamous 악명 높은, 불명예스러운 ᐧ instrument 도구 ᐧ strict 엄격한 ᐧ unprincely 훌륭하지 못한, 군주답지 못한
burthen 짐(=burden) ᐧ strait 좁은, 답답한
point call ~ to an account ~에게 설명을 구하다

If ever I have found favour in your Sight;

if ever the Name of *Anne Boleyn* hath been pleasing in your Ears, then let me obtain this Request; and I will so leave to trouble your Grace any further, with mine earnest Prayers to the Trinity to have your Grace in his good keeping, and to direct you in all your Actions.

From my doleful Prison in the *Tower*, this 6th of *May*.

Your most Loyal and ever Faithful Wife,

Ann Boleyn

폐하께서 저를 잠시라도 좋게 보셨다면, 앤 불린이라는 이름을 듣는 것이 한때라도
즐거우셨다면 이 소원을 허락해 주십시오.

그렇게 해 주시면 폐하를 더는 괴롭히지 않고 삼위일체 하나님께 폐하를 보호해 주실
것과 폐하의 하시는 모든 일을 인도해 주실 것을 간절히 기도 드리겠습니다.

5월 6일, 런던 탑의 쓸쓸한 감방에서 편지를 씁니다.

폐하의 가장 충성스럽고 신실한 아내,

앤 불린

earnest 신실한, 간절한 | the Trinity (기독교의) 삼위일체(성부, 성자, 성신을 일체로 봄)
doleful 음울한, 쓸쓸한 | the Tower (of London) 런던탑

18 Sir Walter Raleigh to His Wife(1)

(1603)

You shall now receive (my deare wife) my last words in these my last lines. My love I send you that you may keep it when I am dead, and my councell that you may remember it when I am no more.

I would not by my will present you with sorrowes (dear Besse) let them go to the grave with me and be buried in the dust.

And seeing that it is not Gods will that I should see you any more in this life, beare it patiently, and with a heart like thy selfe.

First, I send you all the thankes which my heart can conceive, or my words can reherse for your many travailes, and care taken for me, which though they have not taken effect as you wished, yet my debt to you is not the lesse: but pay it I never shall in this world.

Secondly, I beseech you for the love you beare me living, do not hide your selfe many dayes, but by your travailes seeke to helpe your miserable fortunes and the right of your poor childe.

월터 랠리경이 아내에게(1)

(1603년)

사랑하는 아내여, 당신은 지금 나의 마지막 편지에 담긴 유언을 받는 것이오.

사랑하는 당신에게 내가 죽은 후에 간직할 수 있도록, 그리고 내가 더 이상 이 세상에 없을 때 기억할 수 있는 조언을 해주기 위하여 편지를 보내오.

내 뜻대로 할 수 있다면 당신에게 이런 슬픔을 주지 않을 것이오.

하지만 베스, 슬픔은 나와 함께 무덤에 보내 버리고 땅속에 묻도록 하오.

이 세상에서 더 이상 당신을 보는 것이 신의 뜻이 아님을 알게 된 이상, 당신 본연의 모습으로, 또 인내로서 기꺼이 견디도록 하구려.

우선, 내 마음속에 가득한 감사를 전하며 나를 위해 보여준 당신의 수고와 보살핌을 일일이 열거하고 싶소. 비록 그 수고와 노력이 당신이 바라던 대로의 효과를 거두지는 못했지만 그렇더라도 내가 당신에게 진 빚이 조금이라도 덜어지는 것은 아니오.

이 세상에서는 내가 절대 갚을 수 없는 빚이기는 하지만.

두 번째로, 내가 살아 있을 동안 보여준 당신의 사랑에 호소하여 말하니 여러 날을 두문불출하며 숨어 지내지 말고 스스로 노력하여 당신의 가련한 운명에서 벗어나고 우리의 가엾은 아이의 권리를 찾아주도록 하오.

.

월터 랠리(1552-1618) : 영국의 대신

last words 유언 | councell 조언 (=counsel) | by one's will ~의 의지로 | patiently 참을성 있게
with a heart 기꺼이 | conceive 품다, 생각하다 | reherse 열거하다, 자세히 말하다 (=rehearse) | travail 노력, 수고
take effect 주효하다, 효과가 있다 | beseech 간절히 원하다 | fortune 운명, 재산

Thy mourning cannot availe me, I am but dust.

Thirdly, you shall understand, that my land was conveyed *bona fide* to my childe : the writings were drawne at midsummer was twelve months, my honest cosen Brett can testify so much, and Dolberry too, can remember somewhat therein.

And I trust my blood will quench their malice that have cruelly murthered me: and that they will not seek also to kill thee and thine with extreame poverty.

당신이 애도한다고 해서 내게 도움이 되는 건 없소. 나는 흙에 불과할 테니까.

세 번째로 내가 소유한 토지는 나의 자녀에게 정식으로 상속되었음을 알게 될 것이오. 문서는 지난 여름 12개월 전에 작성되었고 나의 정직한 사촌 브레트가 증언해 줄 것이고 돌베리도 기억할 것이오.

그리고 나의 피로서 나를 무자비하게 죽음으로 몰아간 그들의 악의를 잠재울 것과 그들이 또한 당신과 아이를 극도로 궁핍하게 만들어 죽이려고 하지는 않을 것이라 믿고 있소.

---

mourning 애도, 슬퍼함 | avail 소용에 닿다, 쓸모가 있다 | convey 전하다, 양도하다 | draw 작성하다
cosen 사촌 (=cousin) | testify 증언하다 | therein 그 속에, 그 점에서 | quench 끄다, 억압하다, 잠재우다
malice 적의 | murther 죽이다, 살해하다 (=murder) | thee you의 고어 | thine yours의 고어
extreame 극도의, 심한 (=extreme)
point bona fide (라틴어) 진실하게, 성실히 (=in good faith)

19 Sir Walter Raleigh to His Wife(2)

To what friend to direct thee I know not, for all mine have left me in the true time of tryall. And I perceive that my death was determined from the first day. Most sorry I am God knowes that being thus surprised with death I can leave you in no better estate.

God is my witnesse I meant you all my office of wines or all that I could have purchased by selling it, halfe of my stuffe, and all my jewels, but some one for the boy, but God hath prevented all my resolutions.

That great God that ruleth all in all, but if you live free from want, care for no more, for the rest is but vanity.

Love God, and begin betimes to repose your selfe upon him, and therein shall you finde true and lasting riches, and endlesse comfort: for the rest when you have travailed and wearied your thoughts over all sorts of worldly cogitations, you shall but sit downe by sorrowe in the end.

Teach your son also to love and feare God whilst he is yet young,

월터 랠리경이 아내에게(2)

당신이 나의 친구들 중 누구에게 의지할 수 있는지 모르겠소.

다들 내가 정말로 어려울 때 떠나 버렸으니 말이오. 나의 죽음이 처음부터 정해져 있었다는 것을 이제 알겠소.

나의 죽음으로 상심할 당신을 경제적으로 좋지 않은 상태에 두고 떠나게 되어 내가 그것을 가장 미안해하고 있다는 것을 하나님도 아실 것이오.

그분께 맹세하건대 나는 저장실의 포도주 전부, 혹은 포도주를 팔아 살 수 있는 모든 것들과 내가 가진 것의 절반, 보석 전체를 당신에게 주고 일부는 아들에게 주고 싶었소. 하지만 하나님께서 나의 모든 계획을 좌절시키셨소.

그분께서 모든 것을 다스리시지만 당신이 크게 부족함 없이 살게 되면 더 많은 것을 얻으려고 하지 마시오. 더 이상은 허영심에 불과하오.

하나님을 사랑하고 늦기 전에 그분께 당신 자신을 의탁하면 진정하고 영원히 계속되는 풍성한 은혜와 끝없는 위안을 발견할 것이오. 그 밖의 온갖 세속적인 생각과 계획을 위해 애쓰다가 지치게 되면 결국은 슬픔 속에 주저앉게 될 것이오.

아들아이가 아직 어릴 때 하나님을 사랑하고 두려워하도록 가르치시오.

•

.

tryall 시련, 시험 (=trial) | perceive 이해하다, 인식하다 | estate 재산, 살림살이 | office 저장실
stuffe 물건, 소지품 (=stuff) | resolution 결심, 계획 | all in all 전부, 모두 | want 부족, 결핍
vanity 허영 | betimes 늦지 않게, 때 맞춰 | repose (마음이) 머무르다 | weary 지치게 하다, 힘들게 하다
worldly 세상적인, 세속적인 | cogitation 생각, 계획 | in the end 결국에는 | whilst 동안 (=while)

that the feare of God may grow with him, and then God will be a husband to you, and a father to him; a husband and a father which cannot be taken from you.

Baily oweth me 200 pounds, and Adrian Gilbert 600.

In Jersey I also have much owing me besides. The arrearages of the wines will pay my debts. And howsoever you do, for my soules sake, pay all poore men.

When I am gone, no doubt you shall be sought for by many, for the world thinkes that I was very rich.

But take heed of the pretences of men, and their affections, for they last not but in honest and worthy men, and no greater misery can befall you in this life, than to become a prey, and afterwards to be despised.

I speake not this (God knowes) to dissuade you from marriage, for it will be best for you, both in respect of the world and of God. As for me, I am no more yours, nor you mine, death hath cut us asunder: and God hath divided me from the world, and you from me.

하나님을 경외하는 마음이 그 안에서 자라게 하시오. 그러면 하나님께서 당신에게는 남편이, 그 아이에게는 아버지가, 절대 아무도 빼앗아갈 수 없는 남편과 아버지가 되어 주실 것이오.

베일리에게는 200파운드를 받을 것이 있고 에드리안 길버트에게는 600파운드를 받아야 하오. 또 그 밖에 저지에서도 받을 빚이 많이 있소. 포도주 미불금으로 내가 진 빚을 갚을 수 있을 것이오. 당신의 형편이 어떻든 간에 내 영혼을 위해서 가난한 사람들의 돈은 꼭 갚도록 하시오.

세상사람들은 내가 대단한 부자였다고 생각하니까 내가 떠나면 틀림없이 많은 사람들이 당신에게 요구할 것이오.

하지만 남자들의 허식과 거짓 애정을 조심하시오. 정직하고 존경할 만한 남자의 사랑 외에는 오래 가지 않는 법이오. 사냥감이 되어서 나중에 남들에게 조롱받는 것 이상으로 당신에게 비참한 일이 어디 있겠소.

(하나님께서 아시듯이) 내가 이런 말을 하는 것은 당신에게 재혼하지 말라는 뜻은 아니오. 사실 다시 결혼하는 것이 현실적으로 보나 하나님의 뜻으로나 당신에게 최선의 길이 될 것이오.

나로 말하자면 나는 더 이상 당신의 사람이 아니고 당신도 나의 사람이 아니니 죽음이 우리를 갈라놓은 것이오. 하나님께서 나를 세상에서 떼어내시고 당신을 나에게서 떼어놓으신 거요.

---

arrearage 연체금, 미불금 ｜ howsoever ~하든지 (=however) ｜ seek for ~을 구하다
take heed of ~을 조심하다, ~을 주의하다 ｜ pretence 체함, 허식 ｜ befall (~의 신상에) 일어나다
despise 멸시하다 ｜ in respect of ~의 관점에서 ｜ asunder 갈라져, 떨어져
point dissuade A from B A를 설득하여 B를 단념시키다

20 Sir walter Raleigh to His Wife(3)

Remember your poor childe for his father's sake, who chose you, and loved you in his happiest times.

Get those letters (if it be possible) which I writ to the Lords, wherein I sued for my life: God is my witnesse it was for you and yours that I desired life, but it is true that I disdained my self for begging of it:

for know it (my deare wife) that your son is the son of a true man, and one who in his owne respect despiseth death and all his misshapen & ugly formes.

I cannot write much, God he knows how hardly I steale this time while others sleep, and it is also time that I should separate my thoughts from the world.

Begg my dead body which living was denied thee; and either lay it at Sherburne (and if the land continue) or in Exeter-Church, by my Father and Mother; I can say no more, time and death call me away.

월터 랠리경이 아내에게(3)

아이의 아버지를 위해서라도 가엾은 아들을 보살펴 주구려. 아이의 애비는 당신을 선택하여 가장 행복한 시절에 당신을 사랑했다오.

(가능하다면) 내 생명을 구해 달라고 하나님께 썼던 편지들을 찾아주시오.

내가 목숨을 구하기 위해 하나님께 매달렸던 것은 맹세코 당신과 아이를 위한 것이었지만 생명을 구걸함으로서 내 스스로를 욕되게 한 것은 사실이오.

당신의 아들은 진실한 남자, 자신의 존엄성을 지키면서 죽음과 모든 흉하고 추한 것들을 경멸했던 사람의 아들이라는 것을 알아주오.

더 이상 많이 쓸 수가 없소. 이 시간이 다른 사람들이 잠든 사이에 얼마나 힘들게 겨우 낸 시간인지 하나님은 아실 것이오.

그리고 이제는 나의 생각을 세상과 단절시켜야 될 때가 되었소.

살아서는 면회가 허락되지 않았지만 내가 죽은 후에는 시체를 받아서 셔번(만일 땅이 남아 있다면)이나 엑스터 교회의 부모님 곁에 묻어주시오. 더 이상 쓸 수가 없구료. 시간과 죽음이 나를 재촉하고 있소.

---

wherein 거기에서 | sue for ~을 간청하다 | disdain 경멸하다, 멸시하다 | misshapen 보기 흉한, 잘못 만든
separate A from B A를 B에서 떼어놓다 | call away 불러내다

The everlasting God, powerfull, infinite, and omnipotent God, That Almighty God, who is goodnesse it selfe, the true life and true light keep thee and thine: have mercy on me, and teach me to forgive my persecutors and false accusers, and send us to meet in his glorious Kingdome.

My deare wife farewell. Blesse my poore boy. Pray for me, and let my good God hold you both in his armes.

Written with the dying hand of sometimes thy Husband, but now alasse overthrowne.

Yours that was, but now not my own.

Walter Raleigh

영원하신 권능의 하나님, 무한하시고 전능하신 하나님, 선함 그 자체이시고 진정한 생명과 빛 되시는 하나님께서 당신과 아이를 지켜주실 것이오.

또 나를 불쌍히 여겨주셔서 나를 핍박한 자들과 거짓으로 고발한 자들을 용서할 수 있는 아량을 주시고 그분의 영광스러운 왕국에서 우리를 다시 만나게 해주실 것이오.

나의 사랑하는 아내여 잘 계시오. 나의 가엾은 아들에게 축복이 내리기를.

나를 위해 기도해 주오. 좋으신 하나님께서 당신과 아이 모두 그 품안에 안아주시기를 바라오.

한때는 당신의 남편이었으나 지금은 슬프게도 허물어져 버린 자의 손으로 쓴 편지요.

전에는 당신 것이었으나 지금은 내 것도 아니라오.

월터 랠리

everlasting 영원한 | infinite 무한한 | omnipotent 전능한 | persecutor 핍박자, 박해자
alasse 아아, 슬프도다 (=alas)

21 Blaise Pascal to Florin Périer

I am taking the liberty of interrupting you in your daily professional labors, and of bothering you with questions of physics, because I know that they provide rest and recreation for your moments of leisure....

The question concerns the well-known experiment carried out with a tube containing mercury, first at the foot and then at the top of a mountain, and repeated several times on the same day, in order to ascertain whether the height of the column of mercury is the same or differs in the two cases....

For it is certain that at the foot of the mountain the air is much heavier than at the top.

블레이즈 파스칼이
플로린 페리에에게

1647년 11월 15일

자네가 일하는 데 좀 방해를 하려고 하네. 물리학에 관한 질문들을 해서 귀찮게 하려고 말일세.

왜냐하면 그런 질문들도 자네에게는 여가 시간을 즐겁게, 편안하게 해주는 문제들일 테니 말이야....

어떤 문제냐 하면 시험관에 수은을 담아서 처음에는 산기슭에서 재고 다음에는 산꼭대기에서 재고, 그렇게 하기를 하루에 여러 번 반복하는 잘 알려진 실험에 관한 것이네.

두 경우에 있어서 수은 기둥의 높이가 같은지 다른지를 알아보기 위한 실험이지....

이유는 산기슭의 공기가 꼭대기의 공기보다 훨씬 더 무겁기 때문일세.

파스칼(1623-1662) : 프랑스의 사상가, 수학자

interrupt 방해하다 | tube 시험관, 튜브 | contain (속에) 담고 있다, 내포하다 | mercury 수은
at the foot 발치에, (산) 기슭에 | ascertain 확인하다, 확신하다 | height 높이 | column 기둥, 열
point carry out 실행하다

22 Aurangzeb to Mullah Sahe(1)

What is it you would have of me, Doctor?

Can you reasonably desire that I should make you one of the chief *omrahs* of my court? Let me tell you, if you had instructed me as you should have done, nothing would be more just;

for I am of this persuasion, that a child well educated and instructed is as much, at least, obliged to his master as to his father.

But where are those good documents you have given me?...

I have scarce learned of you the name of my grandsires, the famous founders of this empire; so far were you from having taught me the history of their life, and what course they took to make such great conquest.

You had a mind to teach me the Arabian tongue, to read and to write. I am much obliged, forsooth, for having made me lose so much time upon a language that requires ten or twelve years to attain to its perfection;

아우랑지브가 뮬라 사헤에게(1)

그대가 나에게 구할 것이 무엇이오, 박사? 내가 그대를 궁정대신의 하나로 임명하기를 바라기라도 한단 말이오?

말해두는데 만약 그대가 나에게 마땅히 가르쳐야 할 바를 가르쳤다면 그렇게 하는 것이 나의 당연한 도리일 것이오. 나는 잘 교육받고 훈련된 사람이라면 적어도 아버지에게 하듯 스승에게도 감사해야 한다는 생각을 가지고 있는 사람이오.

그러나 그대가 나에게 준 훌륭한 교육의 자료들은 도대체 지금 어디 있단 말이요?...

그대에게서는 이 제국을 세우신 명망 높은 조상님들의 이름도 제대로 배워 본 적이 없소. 그분들께서 어떤 인생을 사셨는지, 위대한 정복을 이루기 위하여 어떤 길을 걸어오셨는지 나에게 가르친 적이 전혀 없소.

대신 그대는 나에게 아라비아말을 가르쳐서 읽고 쓸 수 있게 하고 싶어했소.

완벽하게 익히려면 십 년 내지 십이 년 걸리는 언어를 배우는 데 내가 그토록 많은 시간을 허비하게 해주어서 정말이지 고맙기 그지없구려.

아우랑지브(1619~1707) : 인도 무갈 제국의 6대 황제

court 궁정 | instruct 가르치다, 교훈을 주다 | persuasion 믿음, 신념 | educate 교육하다
at least 적어도 | be obliged to ~에게 감사하다 | scarce 거의 ~않다 (=scarcely) | grandsire 조상, 할아버지
tongue 언어, 말 | forsooth (古) 참으로, 정말로 (반어적 표현) | attain 얻다, 획득하다 | to perfection 완벽하게
point have a mind to ~하고 싶어하다, ~할 마음이 있다

as if the son of a king should think it to be an honor to him to be a grammarian or some doctor of the law, and to learn other languages than of his neighbors when he can well be without them;

he, to whom time is so precious for so many weighty things, which he ought by times to learn. As if there were any spirit that did not with some reluctancy, and even with a kind of debasement, employ itself in so sad and dry an exercise, so longsome and tedious as is that of learning words.

Know you not that childhood well governed, being a state which is ordinarily accompanied with a happy memory, is capable of thousands of good precepts and instructions, which remain deeply impressed the whole remainder of a man's life, and keep the mind always raised for great actions?

The law, prayers, and sciences, may they not as well be learned in our mother tongue as in Arabick? You told my father Shah Jehan that you would teach me philosophy.

단, 왕의 아들이 문법학자나 율법학자가 되거나 몰라도 전혀 지장이 없는 이웃나라의 언어를 배우는 것이 무슨 대단한 명예나 되는 것처럼 생각할 경우에만 말이요.

왕의 아들에게는 오랜 기간을 두고 배워야 할 중요한 일들이 매우 많아서 시간이 매우 귀중하오.

그런데 그대는 마치 단어를 외우는 것처럼 시간이 많이 걸리고 지루하고 지겨운 공부를 조금의 주저함도 없이, 조금의 뒤처짐도 없이 해내야 한다고 생각하는 듯하오.

적절한 가르침을 받고 행복한 기억을 간직하며 자라나는 어린이들은 수천 개의 훌륭한 가르침과 교훈을 체득할 수 있고 그 기억들을 일생 동안 깊이 간직하며 위대한 업적을 이룩할 수 있다는 사실을 그대는 알고 있소?

법률이나 신에 대한 기도문, 과학적 사실들을 우리가 쓰는 모국어보다 아라비아어로 배우는 것이 더 낫다는 거요?

그대는 나의 부친 샤 지한(지한 왕)께 나에게 철학을 가르치겠다고 말씀드렸소.

grammarian 문법학자 | weighty 중요한, 비중 있는 | reluctancy 주저함, 망설임 | debasement 저하, 타락 employ oneself in ~에 종사하다, ~한 일을 하다 | longsome 오래 계속되는 | tedious 지루한 govern 다스리다, 통제하다 | be capable of ~할 능력이 있다 | precept 교훈, 가르침 impressed 인상깊은, 각인된 | remainder 나머지 | Shah (이란의) 국왕에게 붙이는 칭호

'Tis true, I remember very well, that you have entertained me for many years with airy questions of things that afford no satisfaction at all to the mind and are of no use in humane society, empty notions and mere fancies, that have only this in them, that they are very hard to understand and very easy to forget....

그렇소, 나도 잘 기억하고 있소. 그대는 수년 동안 마음에 아무런 만족도 주지 못하고 인간 사회에서 아무런 쓸모도 없는 여러 가지 것들에 관한 공허한 질문들로 나를 즐겁게 해주었소.

그런 텅 빈 관념과 단지 환상에 불과한 것들은 이해하기는 매우 어렵고 잊어버리기는 아주 쉽다는 점 말고는 아무 것도 취할 것이 없소....

entertain 즐겁게 하다 | airy 공허한 | of no use 쓸모 없는 | notion 관념, 개념 | fancy 환상

23 Aurangzeb to Mullah Sahe(2)

... If you had seasoned me with that philosophy which formeth the mind to ratiocination, and insensibly accustoms it to be satisfied with nothing but solid reasons;

if you had given me those excellent precepts and doctrines which raise the soul above the assaults of fortune, and reduce her to an unshakable and always equal temper, and permit her not to be lifted up by prosperity nor debased by adversity;

if you had taken care to give me the knowledge of what we are and what are the first principles of things, and had assisted me in forming in my mind a fit idea of the greatness of the universe, and of the admirable order and motion of the parts thereof;

if, I say, you had instilled into me this kind of philosophy, I should think myself incomparably more obliged to you than Alexander was to his Aristotle, and believe it my duty to recompense you otherwise than he did him.

아우랑지브가 뮬라 사헤에게(2)

...

　만약 그대가 논리적인 정신을 형성해 주고 확고한 이성에 근거하지 않고는 절대 만족하지 않도록 서서히 이끌어 주는 철학적 사고를 나에게 단련시켜 주었더라면,

　만약 그대가 운명의 장난과 공격에 휘둘리지 않을 만큼 고결하고, 동요되지 않고 항상 평정을 지킬 만큼 평온하고, 성공에 우쭐대거나 역경에 기가 꺾이지 않을 그런 영혼을 갖게 해줄 뛰어난 교훈과 학문을 가르쳐 주었더라면,

　만약 그대가 우리 인간의 본질과 사물의 근본 원칙에 대한 지식을 내가 배울 수 있도록 배려해 주고 우주의 광대함과 아울러 우주 각 부분들의 감탄할 만한 질서와 움직임을 깨달을 수 있는 마음을 가질 수 있도록 날 도와 주었더라면,

　만약, 이런 종류의 철학적 가르침을 나에게 주입시켜 주었더라면, 나는 알렉산더가 그의 스승 아리스토텔레스에게 감사했던 것보다 훨씬 더 그대에게 감사했을 것이며 알렉산더가 스승에게 해 주었던 것보다 더 나은 보답을 하는 것이 나의 의무라고 여겼을 것이오.

---

season 단련하다, 길들이다 | **ratiocination** 추리, 논리 | **insensibly** 느끼지 못할 만큼, 서서히 | **accustom to** ~에 익숙케 하다 | **reason** 이성 | **doctrine** 주의, 사상 | **assault** 공격 | **unshakable** 흔들리지 않는, 확고한 | **debase** 타락시키다, 저하시키다 | **adversity** 역경, 곤궁 | **thereof** 그 속의 | **instill** 주입시키다, 조금씩 가르치다 | **incomparably** 비교할 바 없이, 견줄 데 없이 | **recompense** ~에 보답하다 | **otherwise** 다른 것의, 다르게

Should you not, instead of your flattery, have taught me somewhat of that point so important to a king, which is, what the reciprocal duties are of a sovereign to his subjects and those of subjects to their sovereigns; and ought not you to have considered that one day I should be obliged with the sword to dispute my life and my crown with my brothers? ...

Have you ever taken any care to make me learn what 'tis to besiege a town, or to set an army in array? For these things I am obliged to others, not at all to you.

Go, and return to the village whence you are come, and let nobody know who you are or what is become of you.

나에게 아첨하는 대신 왕에게 중요한 것이 무엇인지, 즉 통치자는 신민들에게, 신민들은 통치자에게, 상호간에 어떤 의무를 져야 하는지 가르쳤어야 하는 것 아니오? 그리고 언젠가 내가 나의 생명과 왕관을 놓고서 어쩔 수 없이 형제들과 칼로 다투어야 하는 날이 오리라는 것을 생각했어야 하지 않소?...

한번이라도 도시를 포위하는 법이나 군대를 정렬하는 법을 나에게 배우게 한 적이 있소? 이런 것들에 대해서는 다른 사람들에게 감사해야지 그대에게는 전혀 감사할 필요가 없소.

가시오, 그대가 떠나 왔던 고향으로 돌아가시오. 그대가 누구인 지 앞으로 어떻게 살아가는지 아무도 모르게 조용히 사시오.

flattery 아첨 | reciprocal 서로의, 상호간의 | sovereign 주권자, 통치자 | subject 신하, 백성
be obliged to 어쩔 수 없이 ~하다, ~하지 않으면 안 된다 | dispute 싸우다 | besiege 포위 공격하다
set in array 정렬하다, 배열하다 | whence (관계사) 그곳에서

24 Mme de Sévigné to Mme de Grignan(1)

Paris, Sunday, April 26, 1671

This is Sunday, April 26th, and this letter will not go out till Wednesday; but it is not so much a letter as a narrative that I have just learned from Moreuil, of what passed at Chantilly with regard to poor Vatel.

I wrote to you last Friday that he had stabbed himself — these are the particulars of the affair: the King arrived there on Thursday night ; the walk, and the collation, which was served in a place set apart for the purpose, and strewed with jonquils, were just as they should be.

Supper was served, but there was no roast meat at one or two of the tables, on account of Vatel's having been obliged to provide several dinners more than were expected. This affected his spirits, and he was heard to say, several times, "I have lost my honor! I cannot bear this disgrace!" "My head is quite bewildered," said he to Gourville.

"I have not had a wink of sleep these twelve nights; I wish you would assist me in giving orders."

세비네 부인이 그리냥 부인에게(1)

1671년 4월 26일 일요일 파리에서

오늘은 4월 26일 일요일이에요. 이 편지는 수요일까지는 부치지 못할 거예요. 하지만 이건 편지라기보다는 샹틸르에서 불쌍한 바텔에 관해 전해지는 소식을 모레유한테 듣고 그 얘기를 자세히 적어보내는 거랍니다.

지난 금요일에 보낸 편지에 그가 칼로 자신을 찔렀다고 썼었지요.

그 자세한 내막은 다음과 같습니다. 왕께서 그곳에 목요일날 밤에 도착하셨대요.

산책을 하시고 간식을 드셨는데 장소는 특별히 준비된 곳이었고 또 당연히 노란 수선화 꽃으로 장식된 곳이었지요.

저녁 만찬이 차려졌는데, 바텔의 예상보다 더 많은 양의 식사를 준비해야 했기 때문에 한 두 식탁에 구운 고기가 오르지 못했어요. 그는 이 사실에 상심하여 여러 번 이렇게 말했다고 해요.

"내 명예에 먹칠을 한 거야! 이런 수치는 참을 수 없어!"

또 구르빌르에게는 "머릿속이 뒤죽박죽입니다. 지난 12일 동안 한숨도 자지 못했어요. 주문하는 데 좀 도와주었으면 합니다"하고 말했답니다.

Mme (프랑스어) Madame 부인 | not so much A as B A라기보다는 B | narrative 이야기, 서술
with regard to ~에 관해서 | stab 찌르다 | particulars 상세한 내용 | collation 가벼운 식사, 간식
set apart 구별된, 따로 떼어진 | strew 흩뿌리다, 뒤덮다 | jonquil 노란 수선화
on account of ~ 때문에 | spirit 정신, 기분 | disgrace 수치, 불명예 | bewildered 어리둥절한, 당황한
point do not have a wink of sleep 한숨도 못 자다

Gourville did all he could to comfort and assist him; but the failure of the roast meat (which, however, did not happen at the King's table, but at some of the other twenty-five), was always uppermost with him.

Gourville mentioned it to the Prince, who went directly to Vatel's apartment, and said to him: "Everything is extremely well conducted, Vatel; nothing could be more admirable than his majesty's supper." "Your highness's goodness," replied he, "overwhelms me; I am sensible that there was a deficiency of roast meat at two tables." "Not at all," said the Prince : "do not perplex yourself, and all will go well." Midnight came; the fireworks did not succeed, they were covered with a thick cloud; they cost sixteen thousand francs.

At four o'clock in the morning Vatel went round and found everybody asleep; he met one of the underpurveyors, who had just come in with only two loads of fish. "What!" said he, "is this all?" "Yes, sir," said the man, not knowing that Vatel had dispatched other people to all the seaports around.

구르빌르는 최선을 다해서 그를 위로하고 도와주었어요. 하지만 구운 고기가 부족했던 일(그렇지만 폐하의 식탁에선 그런 일이 없었고 나머지 25개의 식탁 중 몇 군데에서 부족했어요)은 그의 마음에서 항상 떠나지 않았지요.

구르빌르는 그것을 영주님께 보고 드렸고, 영주님은 곧장 바텔의 아파트로 가서 이렇게 말씀하셨어요.

"바텔, 모든 것이 극히 훌륭하게 준비되었소. 폐하의 저녁만찬은 최고로 경탄할 만한 수준이었소."

바텔은 이렇게 대답했어요.

"영주님의 칭찬에 어찌할 바를 모르겠습니다. 하지만 두 개의 식탁에 구운 고기를 올리지 못했습니다." "전혀 그렇지 않소. 그런 일로 신경 쓰지 말도록 하오. 모든 것이 잘 될 테니까."

자정이 되어서 불꽃놀이를 했는데 잘 터지지가 않아서 짙은 구름 같은 연기가 뒤덮었어요. 비용이 만육천 프랑이나 들었는데 말이죠.

바텔은 새벽 네 시에 한바퀴 둘러보고 모두들 잠든 것을 발견했어요. 그리고 음식재료를 사들이는 사람을 만났는데, 그는 생선 두 바구니만을 가지고 막 돌아오던 참이었어요.

바텔이 "뭐? 이게 다인가?" 하고 물었지요. 바텔이 다른 사람들을 주변의 모든 항구에 보냈다는 사실을 모르던 그는 "네, 그렇습니다." 하고 대답했답니다.

---

uppermost 가장 우선의, 맨 먼저 마음에 떠오르는 | conduct 수행하다 | his majesty 폐하, 각하
Your highness 폐하, 각하 | overwhelm 압도하다 | deficiency 결핍, 부족 | perplex 당황시키다, 좌절시키다
purveyor (식료품) 조달자, 재료 납품업자 | load 짐, 꾸러미 | dispatch 파견하다, 보내다 | seaport 항구

25 Mme de Sévigné to Mme de Grignan(2)

Vatel waited for some time; the other purveyors did not arrive ; his head grew distracted; he thought there was no more fish to be had.

He flew to Gourville: "Sir," said he, "I cannot outlive this disgrace." Gourville laughed at him. Vatel, however, went to his apartment, and setting the hilt of his sword against the door, after two ineffectual attempts, succeeded in the third, in forcing his sword through his heart.

At that instant the carriers arrived with the fish; Vatel was inquired after to distribute it. They ran to his apartment, knocked at the door, but received no answer, upon which they broke it open, and found him lying in a sea of blood.

A messenger was immediately dispatched to acquaint the Prince with what had happened, who was like a man in despair.

The Duke wept, for his Burgundy journey depended upon Vatel.

세비네 부인이 그리냥 부인에게(2)

바텔은 얼마간 더 기다렸지만 다른 사람들은 돌아오지 않았어요. 그는 머릿속이 점점 어지러워졌고 생선을 더 이상 구할 수 없다고 생각하게 되었어요.

그는 즉시 구르빌르에게 달려가 말했어요. "이런 수치는 도저히 참을 수 없습니다."

구르빌르는 웃어넘겼지만 바텔은 자기 아파트로 가서 칼자루를 문에 고정시켜놓고 두 번의 실패 끝에 세 번 째에 칼로 자신의 가슴을 찌르는 데 성공했답니다. 바로 그 순간에 짐꾼들이 생선을 가지고 도착했어요.

생선들을 분배하기 위하여 사람들은 바텔을 찾았지요. 그의 아파트로 달려가 문을 두드렸지만 아무 대답이 없었답니다. 그래서 문을 부수고 들어가서 피바다가 된 바닥에 누워 있는 그를 발견했습니다.

이 사건을 영주님께 보고하기 위해 즉시 사자가 급파되었고 소식을 들은 영주님은 비탄에 잠기셨어요.

공작님(영주님)은 몹시 슬퍼 하셨는데 왜냐하면 바텔이 부르고뉴 지방으로의 여행을 책임지고 준비하고 있었기 때문이에요.

---

distracted 산란한, 정신없는 | outlive 무사히 헤어나다, 견뎌내다 | hilt 칼자루, 손잡이
ineffectual 효과 없는, 헛된 | inquire after ~ 찾다, ~ 구하다 | distribute 분배하다, 나눠주다
Burgundy 부르고뉴(프랑스 동남부 지방) | depend upon ~에 의지하다
point at that instant 그 순간에

The Prince related the whole affair to his majesty with great concern; it was considered as a consequence of too nice a sense of honor; some blamed, others praised him for his courage.

The King said he had put off this excursion for more than five years because he was aware it would be attended with infinite trouble. He told the Prince that he ought to have had but two tables, and not have been at the expense of so many, and declared that he would never suffer him to do so again; but all this was too late for poor Vatel.

However, Gourville attempted to supply the loss of Vatel, which he did in great measure. The dinner was elegant, the collation the same. They supped, they walked, they bunted; all was perfumed with jonquils, all was enchantment....

영주님은 깊이 우려하며 사건의 전말을 폐하께 말씀드렸지요.
사람들은 그가 너무나 명예를 소중히 여긴 결과 생긴 일로 생각
했어요.

어떤 사람들은 그를 비난하기도 하고 어떤 사람들은 그의 용기를 칭찬하기도 합니다.

폐하께서는 이렇게 많은 문제가 발생할 것을 예견했기 때문에 오 년 이상이나
이번 여행을 연기해 왔던 거라고 말씀하셨어요.

또 영주님에게 식탁을 두 개만 차리도록 했어야 했고 그렇게 큰 희생은 치르지 말았어야
했다고 말씀하시며 이제 다시는 그에게 이런 고생을 시키지 않겠다고 선언하셨답니다.

하지만 이 모든 것도 가련한 바텔에게는 너무 늦은 일이었지요.

하지만 구르빌르는 바텔의 빈자리를 메우려고 노력했고 상당한 성공을 거두었습니다.

만찬은 우아했고 간식시간도 마찬가지였어요. 폐하 일행은 저녁을 먹고, 산책을 하고
사냥을 했습니다. 노란 수선화의 향기가 진동했고 모든 것이 환상적이었답니다.

relate 말하다 | with great concern 크게 크게 걱정하며 | consequence 결과
put off 연기하다, 미루다 | excursion 유람여행 | attend 수반하다 | infinite 무한한
at the expense of ~의 희생으로, ~의 폐를 끼치고 | in great measure 상당히, 꽤 많이 | elegant 우아한, 고상한
sup 저녁을 먹다 | perfume 향기 나게 하다 | enchantment 황홀, 매혹, 환상

26 Albert Burgh to Baruch Spinoza(1)

To the Very Learned and Acute Baruch Spinoza:

Many greetings.

When leaving my country, I promised to write to you if anything noteworthy occurred during my journey.

Since, now, an occasion has presented itself, and one, indeed, of the greatest importance, I discharge my debt, and write to inform you that, through the infinite Mercy of God, I have been restored to the Catholic Church, and have been made a member thereof....

The more I formerly admired you for your penetration and acuteness of mind, the more do I now weep for you and deplore you; for although you are a very talented man, and have received a mind adorned by God with brilliant gifts, and are a lover of truth, indeed eager for it, yet you suffer yourself to be led astray and deceived by the wretched and most haughty Prince of evil Spirits.

For, all your philosophy, what is it but a mere illusion and a Chimera?

알버트 부르가
바루크 스피노자에게(1)

학식이 뛰어나고 명석하신 바루크 스피노자 씨에게

안녕하십니까?

고국을 떠날 때 제가 여행을 하면서 무언가 주목할 만한 일이 생기면 편지를 쓰겠다고 약속을 했었지요.

이제 그럴 만한 일이 생겼으니까 (사실, 정말로 가장 중요한 일이라고 할 수 있습니다) 제가 했던 말에 책임을 지는 의미에서 당신께 알려드립니다.

무한하신 하나님의 자비로 제가 천주교로 귀의하여 신자가 되었습니다....

전에 당신의 통찰력과 예리한 정신을 경탄해 오던 만큼이나 지금은 당신을 위해서 슬퍼하고 통탄하고 있습니다.

당신에겐 뛰어난 재능이 있고 하나님께서 주신 훌륭한 선물을 받아 빛나는 정신을 가졌고 진리를 사랑하며 진리를 열망함에도 불구하고 가장 비열하고 교만한 사탄의 괴수에게 속아 길을 잃고 헤매며 자신을 괴롭히고 있습니다.

당신의 사상이란 것이 결국 환상이나 허깨비와 같은 망상이 아니고 무엇이겠습니까?

스피노자(1632-1677) : 네덜란드의 철학자

learned 학식이 뛰어난, 박식한 | acute 예리한, 명석한 | noteworthy 주목할 만한, 특기할 만한
discharge 이행하다, (빚을) 갚다 | infinite 무한한, 끝없는 | penetration 통찰력, 관통함
deplore 한탄하다, 개탄하다 | adorn 장식하다, 꾸미다 | astray 길을 잃은, 헤매는
wretched 야비한, 비열한 | haughty 거만한, 불손한 | illusion 환상
point Chimera (그리스 신화의) 사자의 머리, 염소의 몸, 뱀의 꼬리를 한 괴물, 도깨비, 망상

Yet you stake on it not only your peace of mind in this life, but also the eternal salvation of your soul. See on what a miserable foundation all your interests rest.

You presume to have at length discovered the true philosophy.

How do you know that your Philosophy is the best among all those which have ever been taught in the world, or are actually taught now, or ever will be taught in the future?

And, to say nothing about the thought of the future, have you examined all those philosophies, ancient as well as modern, which are taught here and in India and everywhere throughout the world?

And, even if you have duly examined them, how do you know that you have chosen the best?...

그러나 당신은 거기에서 이 세상에서의 마음의 평화뿐만 아니라 영혼의 영원한 구원까지도 얻으려 하고 있습니다. 당신의 학문적인 관심이 얼마만큼 턱없는 근거 위에 세워져 있는지 보십시오.

마침내 진정한 철학을 발견했다고 생각하시겠지요.

어떻게 당신의 사상이 전세계에서 과거에 소개되었고, 현재 소개되고 있고 미래에 소개될 모든 사상들 중에서 최고라고 확신할 수 있습니까?

미래는 고사하고 예전에 또 현대에 이곳이나 인도, 전 세계 모든 곳에서 사람들이 배우고 있는 모든 사상들을 조사하고 연구해 보셨습니까?

만약 그것들을 충분히 조사했다고 하더라도 가장 훌륭한 것을 선택했다는 것을 어떻게 알 수 있습니까?...

stake on (생명, 돈 등을) 걸다 | salvation 구원 | presume 가정하다, 추론하다 | at length 마침내, 결국
to say nothing about ~은 고사하고, ~은 제쳐놓고 | duly 충분히, 꼼꼼히

27 Albert Burgh to Baruch Spinoza(2)

...

If, however, you do not believe in Christ, you are more wretched than I can say. But the remedy is easy: return from your sins, and realize the fatal arrogance of your wretched and insane reasoning.

You do not believe in Christ. Why? You will say: because the teaching and life of Christ are not consistent with my principles, nor is the doctrine of Christians about Christ consistent with my doctrine.

But I repeat, do you then dare to think yourself greater than all those who have ever arisen in the State or Church of God, than the Patriarchs, Prophets, Apostles, Martyrs, Doctors, Confessors and Virgins, Saints without number, and, in your blasphemy, even than Our Lord Jesus Christ Himself?

Do you alone surpass these in doctrine, in your manner of life, and in every other respect?

알버트 부르가
바루크 스피노자에게(2)

...
 그러나 그리스도를 믿지 않는다면 당신은 제가 표현하는 이상으로 비참한 상태에 있는 것입니다. 하지만 치료법은 간단합니다. 죄로부터 돌이켜 당신의 천하고 어리석은 논리의 그 치명적인 오만함을 깨닫는 것입니다.

 당신은 그리스도를 믿지 않습니다. 왜일까요? 아마 이렇게 말씀하시겠지요. "그리스도의 생애와 가르침은 나의 소신과 맞지 않고 그리스도에 대한 기독교의 교리도 나의 신조와 맞지 않는다"라고.

 그러나 제가 다시 한번 말하겠습니다. 그렇다면 하나님의 나라와 교회에서 추앙받는 모든 사람들, 족장시대의 믿음의 조상들, 선지자들, 사도들, 순교자들, 성경학자들, 박해에 굴하지 않은 신앙 고백자들, 셀 수 없이 많은 남녀 성인들보다 당신이 더 위대하다고 감히 생각하는 겁니까? 더욱이 당신의 불경함으로 감히 우리 주 예수 그리스도보다 더 위대하다고 생각하는 겁니까?

 당신이 홀로 이 모든 사람들보다 사상적으로, 생활방식에서, 또 다른 모든 면에서 월등하다는 겁니까?

---

remedy 치료법 | fatal 치명적인 | arrogance 오만함 | insane 미친, 어리석은 | reasoning 논리, 추론
Patriarchs 족장, 조상, 이스라엘 민족의 조상 | Prophet 선지자, 예언자 | Apostle 사도, (예수의 12제자)
martyr 순교자 | Confessor (박해에도 굴하지 않은) 신앙 고백자 | Virgin 처녀성인 | without number 셀 수 없이 많은
blasphemy 신성모독, 불경죄 | surpass ~보다 뛰어나다, ~보다 훌륭하다 | in every respect 모든 점에서
point be consistent with ~와 일치하다

Will you, you wretched little man, vile worm of the earth, ay, ashes, food for worms, dare, in your unspeakable blasphemy, to put yourself above the Incarnate, Infinite Wisdom of the Eternal Father?

Will you alone consider yourself wiser, and greater than all those who, from the beginning of the world, have belonged to the Church of God, and have believed or still believe that Christ will come, or already has come?

On what foundation does your bold, mad, pitiable, and execrable arrogance rest?

가련하고 왜소한 인간, 땅속의 하찮은 벌레와도 같고 벌레들의 먹이가 될 흙으로 돌아갈 당신이 말할 수 없는 오만불손함으로 감히 자기 자신을 영원하신 하나님 아버지의 무한하신 지혜가 육신으로 화한 예수님보다 높은 자리에 오르겠다는 것입니까?

당신 혼자만이 태초부터 하나님의 교회에 선택되어 속해 있고 그리스도께서 앞으로 오실 것이라고, 혹은 벌써 오셨다고 믿었고 아직도 믿고 있는 모든 사람들보다 더 현명하고 뛰어나다고 생각할 겁니까?

당신의 그 뻔뻔하고, 어리석고, 가련하고 저주스러운 그 오만함은 대체 어디에 근거를 두고 있는 것입니까?

vile 천한, 가치 없는 | ashes (보통 pl) 재, 유골 | unspeakable 말할 수 없는, 도저히 말로 표현할 수 없는 incarnate 육신을 갖춘 | bold 대담한, 뻔뻔한 | pitiable 불쌍한 | execrable 저주스러운, 밉살스러운

28 Albert Burgh to Baruch Spinoza(3)

...

Come to your senses, you Philosopher, and realize the folly of your wisdom, the madness of your wisdom; put aside your pride and become humble, and you will be healed.

Pray to Christ in the Most Holy Trinity, that he may deign to commiserate your misery, and receive you.

Read the Holy Fathers, and the Doctors of the Church, and let them instruct you in what you must do that you may not perish, but have eternal life.

Consult Catholics profoundly learned in their faith and living a good life, and they will tell you many things which you have never known and whereat you will be amazed.

I, for my part, have written this letter to you with truly Christian intention, first that you may know the great love that I bear you although a Gentile; and secondly to beg you not to continue to pervert others also.

I will therefore conclude thus: God is willing to snatch your soul from eternal damnation, if only you are willing.

알버트 부르가
바루크 스피노자에게(3)

...

철학자님, 제발 정신을 차리고 당신 지혜의 우둔함과 어리석음을 깨달으십시오. 자만심을 버리고 겸손해진다면 고침을 받을 수 있습니다.

거룩한 삼위일체 그리스도께 당신의 불행을 불쌍히 여겨주시고 자신을 받아달라고 기도해 보십시오.

거룩한 믿음의 조상들과 교회의 학자들이 쓴 글을 읽고 멸망하지 않고 영원한 생명을 얻으려면 어떻게 해야 하는지 교훈을 얻으십시오.

신앙심이 돈독하고 모범적인 생활을 하는 신자들과 깊이 있는 상담을 해 보십시오.

그러면 당신이 전혀 알지 못했던 많은 것들을 그들이 말해 줄 것이고 당신은 그걸 듣고 경탄하게 될 것입니다.

저로서는 진정한 그리스도인으로서 확고한 목적을 가지고 이 편지를 썼습니다.

첫 번째 목적은 당신이 이방인임에도 불구하고 제가 당신께 품고 있는 이 큰사랑을 알려드리려는 것입니다. 두 번째는 다른 사람들을 계속해서 악의 길로 이끌지 말아달라는 간청을 드리려는 것입니다.

이제 결론을 내리겠습니다. 하나님께서는 당신이 원하기만 한다면 영원한 저주로부터 당신 영혼을 구해내기 원하십니다.

---

folly 어리석음, 우둔함 | put aside 치우다, 버리다 | humble 겸손한 | deign 황송하게도 ~하다, ~하여 주시다
commiserate 불쌍히 여기다 | perish 멸망하다, 없어지다 | profoundly 깊이 있게, 심화하여
whereat (관계사) 그것에 관하여 | for one's part ~로서는 | Gentile 이방인, 이스라엘 민족을 제외한 다른 민족
pervert 벗어나게 하다, 나쁜 길로 이끌다 | snatch 움켜쥐다, 붙잡다 | damnation 저주
point Trinity (성부-하나님, 성자-예수님, 성신-성령의) 삼위일체

Do not hesitate to obey the Lord, who has so often called you through others, and now calls you again, and perhaps for the last time, through me, who, having obtained this grace through the ineffable Mercy of God Himself, pray for the same for you with my whole heart.

Do not refuse: for if you will not hear God now when He calls you, the anger of the Lord Himself will be kindled against you, and there is the danger that you may be abandoned by His Infinite Mercy, and become the unhappy victim of the divine Justice which consumes all things in its anger.

May the omnipotent God avert this fate to the greater glory of His name, and to the salvation of your soul, and also as a salutary and imitable example for your most unfortunate Idolaters, through our Lord and Saviour, Jesus Christ, who with the Eternal Father lives and reigns in the Unity of the Holy Ghost as God for all eternity. Amen.

Albert Burgh
Florence, September 3, 1675

주저하지 말고 주님께 복종하십시오. 그분은 다른 사람들을 통해서 너무나 여러 번 당신을 부르셨고 이번에는 저를 통해서, 어쩌면 마지막으로, 다시 한번 당신을 부르고 계십니다. 저는 말로 다 할 수 없는 하나님의 자비를 통하여 이런 은혜를 얻었고 당신도 같은 은혜를 얻기를 진심으로 기도합니다.

거부하지 마십시오.

부르고 계신 지금 그 음성에 귀기울이지 않는다면 당신을 향한 주님의 분노가 불처럼 타오르고 그분의 무한하신 사랑으로부터 버림받는 위험에 처하여 모든 것을 그 분노 속에 삼켜버리는 그 신성한 정의의 심판대에 불행한 희생자로 서게 될 것입니다.

전능하신 하나님께서 이런 가혹한 운명을 바꾸어 주셔서 그분의 이름에 영광이 되도록 우리의 주인과 구주가 되시고 성령님과 연합하여 영원하신 하나님 아버지와 함께 계시고 다스리시는 예수 그리스도를 통하여 당신의 영혼을 구원해 주시고 또한 가장 불행한 자들인 다른 우상숭배자들에게 유익하고도 본받을 만한 모범이 될 수 있기를 기원합니다.

알버트 부르
1675년 9월 3일 플로렌스에서

ineffable 이루 말할 수 없는, 말로 나타낼 수 없는 | kindle 불붙다 | abandon 버리다, 유기하다 | divine 신성한
consume 써버리다, 없애다 | omnipotent 전능한 | avert 돌리다, 비키다 | salutary 유익한, 건전한
imitable 본받을 만한 | idolater 우상숭배자 | reign 다스리다 | Holy Ghost 성령 | eternity 영원, 불멸

29 Baruch Spinoza to Albert Burgh(1)

December, 1675

Baruch Spinoza Sends Greetings

To the Very Noble Young Man Albert Burgh:

What I could scarcely believe when it was related to me by others, I at last understand from your letter.

...

You ask me, *how I know that my Philosophy is the best among all those which have ever been taught in the world, or are taught now, or will be taught in the future?*

This, indeed, I can ask you with far better right. For I do not presume that I have found the best Philosophy, but I know that I think the true one.

If you ask me how I know this, I shall answer, in the same way that you know that the three angles of a triangle are equal to two right angles.

That this is enough no one will deny whose brain is sound, and who does not dream of unclean spirits who inspire us with false ideas which are like true ones:

바루크 스피노자가
알버트 부르에게(1)

1675년 12월

바루크 스피노자가 고귀한 젊은이 알버트 부르에게 안부 전하오.

다른 사람들에게 들었을 때는 거의 믿을 수 없던 사실을 그대의 편지를 통해서 마침내 잘 이해하게 되었소.

...

그대는 어떻게 나의 사상이 전세계에서 과거에 소개되었고, 현재 소개되고 있고 미래에 소개될 모든 사상들 중에서 최고라고 확신할 수 있느냐고 물었소.

내가 훨씬 더 당당하게 그대에게 같은 질문을 할 수 있소. **왜냐하면 나는 내가 최고의 사상을 찾았다고 생각하지는 않지만 진정한 사상을 찾았다는 것은 알고 있기 때문이오.**

어떻게 그것을 아느냐고 묻는다면 삼각형의 세 각의 합은 직각 두 개를 합한 것과 같다는 것을 아는 것과 마찬가지로 알 수 있다고 답하겠소.

누구의 머리가 더 정상적인지, 마치 진실처럼 보이는 거짓된 생각을 우리에게 불러일으키는 사악한 영들을 동경하지 않는 사람이 누구인지 이것으로 충분히 알 수 있다는 것은 아무도 부인하지 않을 것이오.

---

send greetings 인사하다, 안부를 전하다 | noble 고귀한, 고상한 | scarcely 거의 ~않다 | relate 말하다 | induce 설득하다, 권유하다 | presume 가정하다, 추측하다 | right angle 직각 | sound 건전한, 정상적인 | inspire 불러일으키다, 생각을 불어넣다

for the truth reveals itself and the false.

But you who presume that you have at last found the best religion, or rather the best men, to whom you have given over your credulity, *how do you know that they are the best among all those who have taught other Religions, or are teaching them now, or will teach them in the future?*

Have you examined all those religions, both ancient and modern, which are taught here and in India and everywhere throughout the world?

And even if you have duly examined them, how do you know that you have chosen the best?

For you can give no reason for your faith.

But you will say that you assent to the inward testimony of the Spirit of God, while the others are cheated and misled by the Prince of evil Spirits.

But all those outside the Roman Church make the same claims with the same right for their Churches as you do for yours.

진실은 그 자체의 진실함을 드러내고 거짓을 밝히는 법이오.

하지만 마침내 최고의 종교, 혹은 가장 훌륭한 사람들을 발견했다고 착각하면서 그들에게 쉽사리 자신을 내맡긴 그대에게 묻겠소.

어떻게 그 밖의 다른 종교들을 가르쳐 왔고 현재 가르치고 있으며 미래에 가르치게 될 다른 모든 사람들보다 그들이 더욱 뛰어나다는 것을 알 수 있단 말이오?

예전에 또 현대에 여기나 인도, 전 세계 모든 곳에서 가르치고 있는 모든 종교들을 조사하고 연구해 보았소? 만약 그것들을 충분히 조사했다고 하더라도 가장 훌륭한 것을 선택했다는 것을 어떻게 알 수 있소?

그대는 그대의 믿음에 어떤 정당한 근거도 댈 수 없소. 하지만 자기는 하나님의 영이 마음속에 말씀하시는 바를 따르는 것이고 다른 사람들은 악령의 괴수에게 속아서 나쁜 길로 빠진 것이라고 그대는 말할 것이오.

그러나 로마 교회 밖의 모든 종교집단들이 그대가 하는 것처럼 자기 교회를 옹호하는 똑같은 주장을 펼치고 있소.

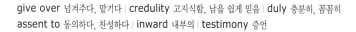

give over 넘겨주다, 맡기다 | credulity 고지식함, 남을 쉽게 믿음 | duly 충분히, 꼼꼼히
assent to 동의하다, 찬성하다 | inward 내부의 | testimony 증언

30 Baruch Spinoza to Albert Burgh(2)

...

The order of the Roman Church, which you so greatly praise, I confess, is politic and lucrative to many. I should think that there was none more suited to deceive the people and to constrain the minds of men, were there not the order of the Mohammedan Church, which far surpasses it.

For from the time that this superstition began there have arisen no schisms in their Church.

If, therefore, you calculate correctly, you will see that only what you note in the third place is in favor of the Christians, namely, that unlearned and common men were able to convert almost the whole world to the faith of Christ. But this argument militates not only for the Roman Church, but for all who acknowledge the name of Christ.

But suppose that all the arguments which you adduce are in favor of the Roman Church alone. Do you think that you can thereby mathematically prove the authority of the Church?

바루크 스피노자가
알버트 부르에게(2)

...

말해주겠는데, 그대가 그토록 칭송하는 로마 교회의 제도도 많은 사람들에게는 교묘하고
이윤을 추구하는 제도에 불과하오. 사람들을 기만하고 인간의 마음을 억제하는데 로마 교회
보다 더 적합한 것은 없다고 생각하오.

단, 이점에서 로마 교회를 훨씬 능가하는 이슬람교를 제외한다면 말이오. 이슬람교라는
미신이 등장한 이후로 그들 종교 안에서 분파가 생긴 일이 없소.

그러므로 정확히 따져본다면 그대가 세 번 째로 꼽은 사실, 즉 무지하고 평범한 사람들이
거의 전 세계를 기독교로 개종시킬 수 있었다는 점만이 기독교 지지의 근거가 된다는 것을
알게 될 것이오.

그러나 이 주장도 로마 교회에뿐 아니라 그리스도의 이름을 인정하는 모든 사람들에게
해당된다고 할 수 있소.

하지만 그대가 끌어댄 모든 주장들이 오직 로마 교회에만 유리하게 작용한다고 가정
합시다. 그것으로 교회의 권위를 수학적으로 증명할 수 있다고 생각하는 거요?

---

politic 교활한, 교묘한 | constrain 강요하다, 무리하게 ~시키다 | surpass 능가하다, 뛰어넘다 | superstition 미신
schism 분파, 분열 | in favor of ~에 유리한 | namely 즉, 다시 말해서 | unlearned 무식한, 배우지 못한
militate 작용하다, 영향을 미치다 | adduce 인용하다, 끌어대다 | thereby 그것으로, 그것에 의하여 | authority 권위
point Mohammedan Church 마호메트교, 이슬람교

Since this is far from being the case, why then do you want me to believe that my proofs are inspired by the Prince of evil Spirits, but yours of God?

Especially so, as I see and your letter clearly shows that you have become a slave of this Church, under the influence not so much of the love of God as of the fear of hell, which is the sole cause of superstition.

Is this your humility, to put no faith in yourself, but only in others, who are condemned by very many?

Do you regard it as arrogance and pride because I use my reason, and acquiesce in that true Word of God which is in the mind and can never be depraved or corrupted?

Away with this deadly superstition, acknowledge the reason God has given you, and cultivate it, if you would not be numbered among the brutes.

그렇지 않다는 것이 자명한데 나의 증거는 악령의 괴수로부터 나온 것이고 그대의 증거는 하나님에게서 나왔다는 것을 어떻게 나에게 믿으라는 거요?

특히, 그대가 하나님에 대한 사랑에서라기보다 지옥에 대한 두려움에서 (그것이야말로 미신의 유일한 원인이오) 이 교회의 노예가 되었다는 것을 내가 알겠고 그대의 편지에도 그 사실이 분명히 드러나고 있는데 말이요.

자신을 믿지 않고 많은 사람들이 혹평하는 다른 이들을 믿는 것이 당신 나름대로의 겸손이란 거요?

내가 나의 이성을 사용한다는 이유로 그것을 거만함이나 자만심으로 치부하면서 그대는 마음속에 있고 절대 빼앗기거나 타락될 수 없는 신의 진실한 말씀을 그저 묵묵히 따르는 거요?

분별력 없는 맹목적인 사람으로 꼽혀지고 싶지 않거든 이런 끔찍한 미신은 당장 버리고 하나님께서 그대에게 주신 이성을 인정하고, 또 그것을 개발하도록 하시오.

---

far from ~과는 거리가 먼, ~가 아닌 | not so much A as B A라기 보다는 B | humility 겸허함, 겸손함
condemn 저주하다, 욕하다 | arrogance 거만함, 오만함 | acquiesce 묵묵히 따르다, 받아들이다
deprave 빼앗다, 박탈하다 | corrupt 타락시키다, 나쁘게 하다 | away with 쫓아버리다, 치워버리다
deadly 치명적인 | cultivate 배양하다, 개발하다 | number 세다, 꼽다 | brute (이성이 없는) 맹목적인 인간, 짐승

Cease, I say, to call absurd errors mysteries, and do not shamefully confuse those things which are unknown to us, or as yet undiscovered, with those which are shown to be absurd, as are the horrible secrets of this Church, which, the more they oppose right reason, the more you believe they transcend the understanding.

...

If you will consider these carefully, and also examine the Histories of the Church (of which I see you are most ignorant), in order to see how false are many of the Pontifical traditions, and by what fate and with what arts the Roman Pontiff, six hundred years after the birth of Christ, obtained sovereignty over the Church, I doubt not that you will at last come to your senses.

That this may be so, I wish you from my heart. Farewell, etc .

B.d. Spinoza
(The Hague, December, 1675.)

내가 말하는데, 터무니없는 잘못을 더 이상 신비라고 부르지 말고 우리에게 아직 알려지지 않았거나 발견되지 않은 것들과 그 교회의 무서운 비밀처럼 엉터리같이 보이는 일들을 혼동하는 부끄러운 짓은 하지 마시오. 그대는 교회가 정당한 이성을 반대하면 할수록 인간의 이해를 초월한다고 더욱 굳게 믿고 있소.

...

만일 그대가 이 사실들을 주의 깊게 생각해보고 또한 교회의 역사 (내가 보기엔 그대가 가장 무지한 부분인 것 같소)를 잘 조사해 보고, 로마 교회의 교황제도와 관련된 많은 전통들이 얼마나 위선적인지, 그리스도의 탄생 600년 후에 어떤 행운과 술책으로 로마 교회가 교회의 주권을 장악하게 되었는지 깨닫게 된다면 그대도 마침내 제정신을 차리게 될 거라고 믿어 의심치 않소.

그렇게 되기를 진심으로 바라마지 않소. 이만 줄이겠소.

B.d. 스피노자
(1675년 12월 헤이그에서)

---

absurd 터무니없는, 엉터리 같은 | transcend 초월하다, 능가하다 | ignorant 무지한, 모르는
pontifical 로마 교황의, 주교의 | arts 수단, 술책 | pontiff 교황 | sovereignty 주권, 통치

31 Voltaire to Olympe Dunoyer

The Hague, 1713.

I am a prisoner here in the name of the King; they can take my life, but not the love that I feel for you.

Yes, my adorable mistress, tonight I shall see you, and if I had to put my head on the block to do it.

For Heaven's sake, do not speak to me in such disastrous terms as you write; you must live and be cautious; beware of madame your mother as of your worst enemy. What do I say?

Beware of everybody, trust no one; keep yourself in readiness, as soon as the moon is visible;

I shall leave the hotel incognito, take a carriage or a chaise, we shall drive like the wind to Scheveningen; I shall take paper and ink with me: we shall write our letters.

If you love me, reassure yourself, and call all your strength and presence of mind to your aid; do not let your mother notice anything, try to have your picture, and be assured that the menace of the greatest tortures will not prevent me to serve you.

볼테르가 올림프 두노이에에게

1713년 헤이그에서

나는 지금 왕의 이름으로 이곳에 잡혀 있소. 그들이 나의 생명을 앗아갈 수는 있겠지만, 내가 당신에게 느끼는 사랑은 빼앗아 갈 수 없소.

그렇소, 내 사랑하는 여인이여, 오늘밤 그대를 볼 수만 있다면 나는 단두대에 내 머리라도 올려놓겠소.

당신이 쓴 것 같은 그런 불길한 말은 제발 하지 말아 주오.

당신은 꼭 살아야 하니 조심하도록 하오. 당신의 어머니를 가장 악한 적으로 간주하고 경계하도록 하오. 내가 무슨 말을 하겠소?

모든 사람들을 경계하고 아무도 믿지 말아요. 달이 뜨자마자 준비하고 계시오.

나는 몰래 호텔을 빠져 나와 4륜 마차나 2륜 마차를 탈 거요. 우린 바람처럼 슈베닝겐으로 달려가게 될 테고 내가 종이와 잉크를 가져갈 것이니 사람들에게 편지를 쓰도록 합시다.

날 사랑한다면 기운을 내요. 모든 힘을 긁어 모아 침착하게 행동하시오.

당신 어머니가 전혀 눈치채지 못하게 하고 당신 초상화를 그리게 하시오. 그리고 어떤 심한 고문의 위협도 당신을 도우려는 나를 막을 수 없다는 것을 명심하시오.

볼테르(1694-1778) : 프랑스 계몽주의의 대표적 철학자

in the name of ~의 이름으로, ~의 권위로 ¦adorable 사랑스러운 ¦mistress 사랑하는 여인, 연인 ¦block 단두대 for heaven's sake 제발, 아무쪼록 ¦disastrous 불길한, 불운한 ¦term 단어, 말 ¦cautious 주의하는, 조심하는 beware of ~을 경계하다 ¦in readiness 준비된, 대비하여 ¦incognito 암행으로, 신분을 숨기고 carriage (4륜) 마차 ¦chaise (2륜) 유람마차 ¦presence 냉정함, 침착함 ¦menace 위협 point reassure oneself 안심시키다, 기운을 북돋다

No, nothing has the power to part me from you; our love is based upon virtue, and will last as long as our lives.

Adieu, there is nothing that I will not brave for your sake; you deserve much more than that. Adieu, my dear heart!

Arouet

아무 것도 나를 당신에게서 떨어뜨려 놓을 수는 없소.
우리의 사랑은 도덕적 기초 위에 서 있으며 우리의 목숨이 끝날 때까지 계속 될 거요.
잘 지내시오, 당신을 위해서라면 무엇인들 못하겠소.
그대는 그 이상의 가치를 가지고 있소. 안녕, 내 사랑하는 사람이여!

아루엣

part A from B A에서 B를 떼어놓다 | be based upon ~위에 기초하다 | virtue 미덕, 도덕 | adieu 안녕, 작별인사
brave (위험을) 무릅쓰다, 용감히 맞서다 | for one's sake ~를 위해서

32 Lord Chesterfield to His Son

London, March 6, O.S. 1747.

Dear Boy,

Whatever you do, will always affect me, very sensibly, one way or another; and I am now most agreeably affected by two letters, which I have lately seen from Lausanne, upon your subject; the one was from Madame St. Germain, the other from Monsieur Pampigny: they both give so good an account of you, that I thought myself obliged, in justice both to them and to you, to let you know it.

Those who deserve a good character, ought to have the satisfaction of knowing that they have it, both as a reward and as an encouragement.

They write, that you are not only *décrotté*, but tolerably well-bred ; and that the English crust of awkward bashfulness, shyness, and roughness, (of which, by the bye, you had your share,) is pretty well rubbed off.

체스터필드 경이 아들에게

1747년 구력 3월 6일 런던에서

사랑하는 아들아,

네가 하는 일은 무엇이든지 이런 식으로든 저런 식으로든 항상 나에게 영향을 미친다. 그리고 최근 너에 관하여 쓰여진 두 통의 편지를 로잔에서 받아본 이 아버지는 지금 최고로 기분이 좋구나.

한 통은 세인트 저메인 부인에게서, 다른 한 통은 팜피그니 씨에게서 온 것인데 두분 모두 너를 너무나 좋게 평가하고 있어서 그분들을 생각해서나 너를 생각해서나 너에게 그것을 알려야 한다고 생각했다.

훌륭한 인격을 가지고 있다고 평가되는 사람은 보상차원에서, 또 격려차원에서 자기가 그런 인격을 갖고 있다는 사실을 알고 만족을 얻어야 하는 법이다.

편지에 보니 네가 교육을 잘 받았을 뿐 아니라 상당히 행실도 바르다고 하더구나.

뿐만 아니라 어색함, 부끄러움과 수줍음, 촌스러움(말이 나왔으니 말인데 너도 그런 특징들을 어느 정도 가지고 있지) 등 영국인 특유의 모습도 많이 사라졌다고 하신다.

체스터필드 경(1694-1773) : 영국의 정치가

O.S. 구력, 율리우스력(=Old Style) | one way or another 이렇게든 저렇게든 | agreeably 기분 좋게, 기꺼이 monsieur ~씨, 남성에 대한 호칭, 경칭 (영어의 Mr.에 해당함) | obliged to ~하지 않으면 안 되는 in justice to ~에 공평히 하여, ~에게 정당하게 | encouragement 격려 | décrotté (불어) 교육된, 촌티를 벗은 tolerably 꽤, 상당히 | well-bred 행실이 좋은, 점잖은 | crust 표면, 피상, 겉모습 | awkward 서투른, 어색한 bashfulness 부끄러움, 수줍음 | roughness 촌스러움, 거칠음, 세련되지 못함 by the bye 그런데, 말이 나왔으니 말인데 | rub off 닳아 없어지다, 문질러 없애다 point give a good account of ~에 대하여 좋게 말하다

I am most heartily glad of it: for, as I have often told you, those lesser talents, of an engaging, insinuating manner, an easy good-breeding, a genteel behaviour and address, are of infinitely more advantage than they are generally thought to be, especially here in England.

Virtue and learning, like gold, have their intrinsic value; but if they are not polished, they certainly lose a great deal of their lustre: and even polished brass will pass upon more people than rough gold.

What a number of sins does the cheerful, easy good-breeding of the French frequently cover! Many of them want common sense, many more common learning: but, in general, they make up so much, by their manner, for those defects, that, frequently, they pass undiscovered.

I have often said, and do think, that a Frenchman, who, with a fund of virtue, learning, and good-sense, has the manners and good-breeding of his country, is the perfection of human nature.

내가 가장 기뻐하는 것이 바로 그 점인데, 왜냐하면 전에도 종종 너에게 말했듯이, 사람을 끄는 매력과 비위를 잘 맞추는 태도, 예의범절, 고상한 행동과 말솜씨 등 별로 대단치 않아 보이는 그런 재주들이 특히 여기 영국에서는 일반적으로 생각하는 것보다 상상을 초월할 정도로 훨씬 더 유리한 장점으로 작용하기 때문이다.

미덕과 학식은 마치 금처럼 본질적인 가치를 가지고 있다. 그렇지만 연마하고 닦아주지 않으면 분명히 본래의 광택을 상당부분 잃어버리고 말 것이다. 많은 사람들 눈에는 거친 금보다 잘 닦아 윤을 낸 놋쇠가 더 좋게 보일 것이다.

프랑스 인들의 쾌활함과 예의를 차리는 모습이 얼마나 많은 잘못을 가려주는지! 많은 프랑스 인들이 분별력과 양식이 모자라고 일반 상식이 부족하지만 그들의 그러한 행동양식으로 그런 결점들을 상쇄하기 때문에 종종 그들의 부족함이 드러나지 않게 된단다.

나는 다음과 같은 말을 자주하고 실제로도 그렇게 생각하고 있는데, 미덕과 학식과 분별력을 가지고 있으면서 그 나라 특유의 우아한 태도와 예의범절도 갖춘 프랑스 사람이야말로 인간 본성의 완성이라고 할 수 있는 게다.

---

lesser 대단치 않은, 작은 | engaging 매력적인, 사람의 마음을 끄는 | insinuating 알랑거리는, 아첨하는
good-breeding 교양, 예의범절 | genteel 우아한, 고상한 | address 말솜씨 | infinitely 무한히, 대단히
intrinsic 본질적인, 고유의 | polish 닦다, 윤내다 | lustre 광택, 영광 | pass upon 넘겨주다, 건네다, 행세하다
want 부족하다, 필요하다 | common sense 상식, 분별력, 양식 | fund (지식, 재산 따위의) 소지, 축척
point make up for ~을 보상하다, ~을 상쇄하다

This perfection you may, if you please, and I hope you will, arrive at.

You know what virtue is: you may have it if you will; it is in every man's power; and miserable is the man who has it not. Goodsense God has given you. Learning you already possess enough of, to have, in a reasonable time, all that a man need have.

With this, you are thrown out early into the world, where it will be your own fault it you do not acquire all the other accomplishments necessary to complete and adorn your character.

You will do well to make your compliments to Madame St. Germain and Monsieur Pampigny; and tell them how sensible you are of their partiality to you, in the advantageous testimonies which, you are informed, they have given of you here.

Adieu! Continue to deserve such testimonies; and then you will not only deserve, but enjoy, my truest affection.

네가 원한다면 이런 완벽함에 도달할 수 있을 것이고 또 반드시 도달하게 되기를 이 아버지는 바란다.

미덕이 과연 어떤 것인지 너는 알고 있을 것이다. 네가 노력하면 그것을 충분히 가질 수 있을 것이다. 모든 사람들이 할 수 있는 것이고 그렇게 못하는 사람은 불행하다고 할 수 있지.

하나님께선 너에게 분별력을 주셨다. 학식도 이미 충분히 갖추었고 근시일 내에 사람으로서 배워야 할 모든 것을 배우게 될 것이다.

너는 이렇게 준비된 상태에서 일찌감치 세상으로 나아가게 되는 게다.

만약 너의 인품을 연마하고 완성하는 데 필요한 소양들을 습득하지 못한다면 그것은 순전히 너의 잘못 때문인 것이다.

세인트 저메인 부인과 팜피그니 씨에게 감사의 뜻을 전하는 게 좋을 게다.

그분들이 너에 대해 하신 칭찬을 듣고 네가 그분들의 특별한 사랑을 얼마나 깊이 느끼게 되었는지 말씀드리도록 하여라.

잘 있거라. 앞으로도 계속 그런 칭찬을 들을 만한 사람이 되도록 하여라. 그러면 나의 진정한 애정을 받을 수 있을 뿐 아니라 그것을 만끽할 수 있을 것이다.

good-sense 분별력 | acquire 얻다 | accomplishment 소양, 특질 | adorn 장식하다
do well to 현명하게도 ~하다 | compliment 경의, 칭찬, 감사 | partiality 특별한 사랑, 편애
point advantageous testimony 유리한 증언, 칭찬

33 Samuel Johnson to Mrs. Thrale

Madam,

If I interpret your letter right, you are ignominiously married; if it is yet undone, let us at once more talk together.

If you have abandoned your children and your religion, God forgive your wickedness; if you have forfeited your fame and your country, may your folly do no further mischief.

If the last act is yet to do, I, who have loved you, esteemed you, reverenced you, and served you, I who long thought you the first of womankind, entreat that, before your fate is irrevocable, I may once more see you.

I was, I once was,

Madam, most truly yours,

Sam: Johnson

새뮤얼 존슨이 스레일 부인에게

부인,

제가 당신의 편지를 옳게 이해했다면, 당신은 지금 수치스러운 결혼을 하려는 겁니다.

아직 취소할 수 있다면 즉시 만나서 얘기를 더 나눠봅시다.

만약 부인의 자녀들과 종교를 버렸다면 신께서 당신의 죄를 용서해 주시기 바랍니다.

만약 명예와 조국을 잃었다면 부인의 잘못이 더 이상의 불행을 초래하지 않기를 바랍니다.

아직 최후의 단계에 이르지 않았다면 당신을 사랑하고, 존경하고 숭배해 왔으며,

당신을 위해 힘써 왔고, 오랫동안 부인을 모든 여성들 중에 제일로 생각해 왔던 제가 간청합니다.

부인의 운명이 돌이킬 수 없는 지경에 이르기 전에 한번만 더 저를 만나 주셨으면 합니다.

과거 한때에 진정한 당신의 친구였던

새뮤얼 존슨으로부터

---

interpret 해석하다, 이해하다 | ignominiously 수치스럽게, 굴욕적으로 | undone 원상태로 돌리다, 취소하다
abandon 버리다, 유기하다 | wickedness 사악함 | forfeit 상실하다 | folly 어리석음, 우둔함 | mischief 불행
esteem 존경하다 | reverence 숭배하다 | entreat 간청하다, 탄원하다 | irrevocable 돌이킬 수 없는

34 Mme Du Barry to M. Duval

Yes, my dear friend, I have told you, and repeat it: I love you dearly. You certainly said the same thing to me, but on your side it is only impetuosity; directly after the first enjoyment, you would think of me no more.

I begin to know the world. I will tell you what I suggest, now: pay attention.

I don't want to remain a shopgirl, but a little more my own mistress, and would therefore like to find someone to keep me.

If I did not love you, I would try to get money from you; I would say to you, You shall begin by renting a room for me and furnishing it: only as you told me that you were not rich, you can take me to your own place.

It will not cost you any more rent, not more for your table and the rest of your housekeeping.

듀 베리 부인이 듀발 씨에게

1761년 4월 6일

그래요, 전에 제가 말했었지요. 그걸 다시 한번 말할게요.

전 당신을 마음속 깊이 사랑한답니다. 당신도 분명히 같은 말을 나에게 했었지요. 하지만 당신 쪽에선 그저 생각 없는 성급한 표현일 뿐이지요.

아마 나와 한번 즐긴 후에는 곧바로 더 이상 나를 생각하지 않을 거예요.

저는 세상이 어떤 곳인가를 알아가기 시작했어요. 이제 제안을 하나 할 테니 귀기울여 잘 들어보세요.

전 점원 따위로 계속 지내고 싶지는 않아요. 좀더 나만의 자유를 누리고 싶어요. 그러니까 나를 도와줄 누군가를 찾고 싶은 거예요.

제가 만약 당신을 사랑하지 않았다면 당신에게 돈이나 뜯어내려고 했겠지요.

당신에게 내가 쓸 방을 하나 얻어주고 살림살이도 갖춰달라고 말했을 거예요. 당신이 부자가 아니라고 말했으니 당신이 사는 곳에서 같이 지내도 괜찮아요.

집세가 따로 들지도 않고 식비나 다른 살림 비용도 더 필요하지 않아요.

---

dearly 대단히, 끔찍이 | on one's side ~의 편에 | impetuosity 성급함, 격렬함
directly after ~하자마자, ~한 후 곧바로 | pay attention 주의를 기울이다 | shopgirl 여점원, 여자 판매원
keep 후원하다, 지원하다 | furnish (필수품, 가구 따위를) 비치하다, 갖추다
point be one's own mistress 자유의 몸이 되다, 자유를 누리다

To keep me and my headdress will be the only expense, and for those give me one hundred livres a month, and that will include everything.

Thus we could both live happily, and you would never again have to complain about my refusal.

If you love me, accept this proposal; but if you do not love me, then let each of us try his luck elsewhere. Good-by, I embrace you heartily.

Rançon

　필요한 비용은 나 자신과 머리를 손질하는 비용 정도인데 한 달에 100리브르 정도면 되요. 다른 비용 다 포함해서요. 그러면 우리 둘 다 행복하게 살 수 있고 제가 거절한다고 당신이 불평할 일은 다신 없겠지요.

　당신이 저를 사랑한다면 이 제안을 받아주세요. 하지만 사랑하지 않는다면 우리 각자 다른 사람을 찾아보도록 해요.

　잘 있어요, 당신에게 따뜻한 포옹을 보냅니다.

　　　　　　　　　　　　　　　　　　　　　　　　　　　　　　　랑콘

headdress 머리 장식 | embrace 포옹하다, 받아들이다, 맞이하다
point try one's luck 운을 시험해보다, 되든 안되든 해보다

35 James Boswell to William Johnson Temple(1)

My dear Temple ;

Think not that I insult you, when you read the full tale of my supreme Felicity. After thanking you for your two letters of the month of October, I must pour forth the Exultation of a heart swelling with Joy. Call me Bombast. Call me what you please. Thus will I talk. No other stile can give the most distant expression of the feelings of Boswell. If I appear ridiculous, it is because our Language is deficient.

...

I have been with Rousseau. He lives in the Village of Môtiers Travers in a beautifull Valley surrounded with immense mountains. I went thither from Neufchatel. I determined to put my real merit to the severest test, by presenting myself without any recommendation before the Wild, illustrious Philosopher.

I wrote him a letter in which I told him all my worth, and claimed his regard as what I had a title to.

제임스 보즈웰이
윌리엄 존슨 템플에게(1)

1764년 12월 28일 페르니 저택에서

친애하는 템플에게.

나의 더없는 행복감을 표현한 이 편지를 읽고 행여나 내가 자네에게 무례하게 군다고 생각하지 말게나.

먼저 10월에 자네가 보내준 두 통의 편지에 대해 감사하네. 그리고 기쁨으로 부풀어올라 터질 것 같은 이 내 마음을 쏟아 놓아야 하겠네. 나를 허풍장이라고 불러도 좋고, 부르고 싶은 대로 마음대로 불러도 좋아. 난 그런 식으로 쓸 테니까. 다른 식으로는 보즈웰의 이 감정을 눈곱만치도 표현할 수 없다네. 내가 우스꽝스럽게 보인다면 그건 우리가 쓰는 언어가 불충분하기 때문일세.

…

일전에 루소 씨를 방문했었네. 그는 거대한 산들로 둘러싸인 아름다운 계곡에 자리잡은 모띠에르 트라버스 마을에 살고 있네. 나는 네프샤텔에서 그곳으로 갔네.

나는 그 열정적이고 위대한 철학자에게 아무런 추천장도 없이 찾아감으로서 나의 진짜 장점을 한번 시험해보기로 결심했지.

그에게 편지를 한 장 써서 내가 어떤 사람인지 자세히 말하고 관심을 가질만한 가치가 있는 사람이라고 이렇게 주장했다네.

제임스 보즈웰(1740-1795) : 영국의 전기작가

chateau (불어) 대저택, 성 | insult 모욕하다, 무례하게 굴다 | felicity 지극한 행복, 만족감
pour forth 쏟아놓다, 토로하다 | exultation 몹시 기뻐함 | swell 부풀어오르다, 커지다 | bombast 호언장담, 과장된 말
ridiculous 어리석은, 터무니없는 | deficient 결핍된, 충분치 않은 | immense 거대한 | thither (古) 거기에, 그쪽에
put ~ to a test ~을 시험하다 | present oneself 출석하다, 나아가다 | illustrious 뛰어난, 탁월한
point have a title to ~에 대한 권리가 있다, ~의 자격이 있다

"Ouvrez donc votre porte, Monsieur, á un Homme qui ose vous assurer qu'il mérite d'y entrer." Such was my bold and manly stile. He received me, altho' he was very ill. *"Je suis malade, souffrant, hors d'état de recevoir des visites. Cependant Je no puis me refuser á celle de Monsieur Boswell pourvu que par égard pour mon état il veuille bien la faire courte."*

I found him very easy and unaffected. At first he complained and lamented the state of humanity.

But I had address enough to bring him upon Subjects which pleased him, and he grew very animated, quite the amiable St. Preux at fifty. He is a genteel man, has a fine countenance and a charming voice.

...

I stayed at this time three days in the Village, and was with M. Rousseau every day. A week after, I returned and stayed two days. He is extremely busy. The Corsicans have actually applied to him to give them a set of Laws. What glory for him....

"선생님을 방문할 자격이 있다고 감히 말씀드릴 수 있습니다. 제게 방문을 허락해 주십시오" 그런 게 바로 나의 대담하고 남자다운 스타일이지. 그는 매우 아픈 상태였지만 이렇게 답하여 나를 받아들여 주었네.

"나는 몸이 좋지 않습니다. 참고 견디고 있지만 방문객을 맞을 수 있을 정도는 아닙니다. 그러나 나의 건강상태를 고려해서 오랜 기간 머물지 않는다면 그 정도는 거절할 수가 없겠군요."

내가 보기에 그는 아주 느긋하고 꾸밈없는 사람이었네.

처음에 그는 현재 인류의 상태에 대하여 불만을 토로하고 개탄하더군.

하지만 솜씨를 발휘해서 좀 더 그를 즐겁게 할 주제로 화제를 돌렸더니 그는 점차 활기를 띠어갔고 그 모습이 마치 다정다감한 50세의 생 프뢰를 연상시켰다네. 그는 품위있고 잘생긴 용모와 매력적인 목소리를 가지고 있네.

...

이번에는 3일 동안 마을에 머물면서 매일 루소 씨를 만났네.

일주일 후에 다시 돌아가서 이틀을 머물렀지. 그는 대단히 바쁘다네. 코르시카 사람들이 법규를 제정해 달라고 그에게 의뢰했거든. 그에게는 대단한 영광이 아니겠는가....

bold 대담한 | manly 남자다운 | altho' ~에도 불구하고 (=although) | easy 느긋한, 관대한, 태평한
unaffected 꾸밈없는, 소탈한 | lament 탄식하다, 개탄하다 | humanity 인류, 인간성 | address 솜씨, 교묘함
animated 활기찬, 생기 발랄한 | amiable 상냥한, 호감을 주는 | St. Preux 루소의 소설 〈신엘로이즈〉의 주인공 이름
genteel 품위 있는, 고상한 | countenance 용모, 생김새 | apply 의뢰하다

36 James Boswell to William Johnson Temple(2)

...

And whence do I now write to you, My Friend? From the Chateau of M. de Voltaire. I had a letter for him from a Suiss Colonel at the Hague. I came hither Monday and was presented to him.

He received me with dignity and that air of a man who has been much in the world, which a Frenchman acquires in perfection. I saw him for about half an hour before dinner. He was not in spirits.

Yet he gave me some brilliant Sallies. He did not dine with us, and I was obliged to post away immediately after dinner, because the Gates of Geneva shut before five, and Ferney is a good hour from Town.

I was by no means satisfy'd to have been so little time with the Monarch of French literature. A happy scheme sprung up in my adventurous mind. Madame Denis, the niece of M. de Voltaire, had been extremely good to me. She is fond of our language.

제임스 보즈웰이
윌리엄 존슨 템플에게(2)

...

    내가 지금 어디서 이 글을 쓰고 있는 줄 아나? 바로 볼테르 씨의 저택이라네.

나는 헤이그의 한 스위스인 대령이 그에게 보내는 편지를 가지고 왔지. 월요일날
여길 와서 그를 만났네.

    그는 위엄 있는 태도와 세상에서 높은 지위에 오른 사람의 태도, 즉 성숙한 프랑스인이
갖게 되는 그런 태도로 나를 맞아주었네. 오찬 전에 약 30분 동안 그를 만났는데
그는 별로 유쾌한 기분이 아니었어. 그럼에도 그는 재미있는 농담들을 하더군.

    그는 우리와 함께 식사하지 않았고, 나는 식사를 마치자마자 서둘러 떠나야 했다네.
왜냐하면 제네바의 성문은 다섯 시 전에 닫히는데다 페르니는 성에서 1시간은 족히 걸리거든.

    프랑스 문학계의 거물과 그렇게 잠깐 만난 걸로 만족할 내가 아니지.

    모험을 즐기는 내 마음에 한 가지 유쾌한 계획이 떠올랐다네. 볼테르 씨의 조카인
데니스 부인은 나에게 무척 잘해 주었는데, 그녀는 우리의 언어인 영어를 좋아한다네.

---

whence 어디서 | Suiss (불어) 스위스의 | colonel (육군) 대령 | dignity 위엄, 품위 | air 태도
much 대단한 | in perfection 완전한 상태에서, 성숙한 상태에서 | in spirits 유쾌한, 발랄한
sally 농담, 재치 있는 말 | dine 식사하다 | post away 서둘러 여행하다, 급히 떠나다 | a good hour 족히 한시간
by no means 결코 | monarch 거물, 군주, 왕 | scheme 계획, 계략 | spring up 솟아오르다, 갑자기 떠오르다

I wrote her a letter in English begging her interest to obtain for me the Privilege of lodging a night under the roof of M. de Voltaire who, in opposition to our Sun, rises in the evening.

I was in the finest humour and my letter was full of wit. I told her, "I am a hardy and a vigourous Scot. You may mount me to the highest and coldest Garret. I shall not even refuse to sleep upon two chairs in the Bedchamber of your maid. I saw her pass thro' the room where we sat before dinner."

I sent my letter on Tuesday by an Express. It was shewn to M. de Voltaire who with his own hand wrote this answer in the Character of Madam Denis.

"You will do us much honour and pleasure. We have few beds; But you will(*shall*) not sleep on two chairs. My uncle, tho' very sick, hath guessed at your merit.

I know it better; for I have seen you longer."

나는 그녀에게 영어로 편지를 써서 태양과는 정반대로 저녁때 일어나는 볼테르 씨와 같은 지붕 아래서 하룻밤만 묵을 수 있는 특권을 누릴 수 있도록 힘써 달라고 간청했지.

내 최고의 유머 실력이 발휘되어 편지는 위트와 기지로 가득 차 있었지.

그녀에게 이렇게 말했다네.

"저는 튼튼하고 원기 왕성한 스코틀랜드 사람입니다. 집 꼭대기의 제일 추운 다락방에 묵게 하셔도 좋습니다. 심지어는 하녀의 침실에서 의자 두 개를 붙여 놓고 자는 것도 마다하지 않겠습니다. 만찬 전에 앉아 있던 곳에서 하녀가 그 방을 가로질러 가는 것을 보았답니다."

편지는 화요일에 속달로 부쳤네. 볼테르 씨는 편지를 보고 직접 자기 손으로 데니스 부인의 이름을 빌어 이런 답장을 보내 왔네.

"방문해 주시면 저희에게 영광과 기쁨이 될 것입니다. 여기 침대는 많지 않지만, 의자 위에서 주무시지는 않아도 될 겁니다. 백부님은 매우 편찮으시지만 선생님께서 좋은 분이라고 생각하고 계십니다.

저는 선생님을 더 오래 전부터 보아 왔으니 그 사실을 더 잘 알고 있지요."

---

in opposition to ~에 반하여, ~과 반대로 | hardy 강건한, 튼튼한 | vigorous 원기 왕성한, 활달한
Scot 스코틀랜드 사람 (=Scotch) | mount 올리다, 올려놓다 | garret 다락방 | bedchamber 침실
shew-shewed-shewn 보여주다 (=show) | in the character of ~의 자격으로, ~의 이름으로
guess at 추측하다, 추정하다

37 James Boswell to William Johnson Temple(3)

...

I returned yesterday to this enchanted castle. The Magician appeared a very little before dinner. But in the evening he came into the drawing room in great spirits. I placed myself by him. I touched the keys in unison with his Imagination. I wish you had heard the Music. He was all Brilliance. He gave me continued flashes of Wit.

I got him to speak english which he does in a degree that made me, now and then, start up and cry, "Upon my soul this is astonishing."

When he talked our language He was animated with the Soul of a Briton. He had bold flights. He had humour, He had an extravagance; he had a forcible oddity of stile that the most comical of our *dramatis Personæ* could not have exceeded.

He swore bloodily as was the fashion when he was in England. He hum'd a Ballad; He repeated nonsence.

Then he talked of our Constitution with a noble enthusiasm. I was proud to hear this from the mouth of an illustrious Frenchman.

제임스 보즈웰이
윌리엄 존슨 템플에게(3)

...

나는 어제 이 마법에 걸린 저택에 돌아왔네. 마법사는 오찬 직전에 모습을 나타냈지.

하지만 저녁때 응접실로 왔을 때는 매우 기분이 좋은 상태였네.

나는 그 옆에 자리를 잡고 그의 즉흥 연주에 맞춰 건반을 눌렀지. 자네가 그 음악을 들었더라면 좋았을 텐데. 그는 정말 경탄할 만한 사람이라네. 계속해서 나에게 반짝이는 재치를 선사했지.

그에게 영어로 말해보라고 했더니 정말이지 때때로 벌떡 일어나 "이건 정말 놀랄만한 일이야!" 하고 소리치고 싶을 만큼 훌륭하게 말했다네.

그가 영어로 말할 때는 영국인의 정신으로 생기에 넘쳤지. 그는 대담하고 자유분방했네.

유머감각도 뛰어나고. 엉뚱하기도 하고. 영국의 그 어떤 희극 배우도 능가할 수 없을만한 주위를 압도하는 기이한 분위기와 독특한 스타일을 가지고 있었다네.

또 그가 영국에 있었을 때 하던 식으로 마구 악담을 퍼붓는가 하면 민요를 읊조리기도 하고 허튼 소리를 되풀이하기도 하고.

그러더니 우리 나라의 헌법에 대하여 지대한 관심을 가지고 열성적으로 얘기했다네.

저명한 프랑스인의 입에서 그런 말을 들으니 자랑스럽더군.

---

enchanted 마술에 걸린 | place oneself 자리잡다 | in unison with ~와 일치하여, ~에 맞추어
imagination 임기 응변, 즉흥성 | in a degree 어느 정도로 | flight (언행의) 분방함, 솟구침
extravagance 터무니없는 생각, 방종한 언행 | forcible 강제적인, 강력한 | oddity 기이함, 괴상함 | stile=style
dramatis personae (라틴어) 등장인물, 배역표 (persons of the drama)
exceed 능가하다, 뛰어넘다 | swear-swore-sworn 욕하다, 저주하다 | bloodily 참혹하게, 무참하게
ballad 민요 | with a enthusiasm 열의를 갖고, 열성적으로 | illustrious 저명한, 유명한

At last we came upon Religion. Then did he rage. The Company went to Supper. M. de Voltaire and I remained in the drawing room with a great Bible before us; and if ever two mortal men disputed with vehemence we did.

Yes, upon that occasion He was one Individual and I another. For a certain portion of time there was a fair opposition between Voltaire and Boswell. The daring bursts of his Ridicule confounded my understanding.

He stood like an Orator of ancient Rome. Tully was never more agitated than he was. He went too far. His aged frame trembled beneath him. He cried, "O I am very sick; My head turns round," and he let himself gently fall upon an easy chair. He recovered.

I resumed our Conversation, but changed the tone. I talked to him serious and earnest. I demanded of him an honest confession of his real sentiments. He gave it me with candour and with a mild eloquence which touched my heart.

마침내 우리는 종교 얘기에 이르렀네. 그는 무섭게 화를 내더군.

사람들은 저녁식사를 하러 나가고 볼테르 씨와 나는 성경을 앞에 놓고 응접실에 남아 있었지. 우리는 두 인간 사이에 그런 유례를 찾을 수 없을 만큼, 더할 수 없이 격렬하게 논쟁을 벌였네.

그랬지, 그 문제에 있어서는 그는 그고 나는 나였다네. 한동안 볼테르와 보즈웰이 팽팽하게 맞섰지. 그에게서 터져 나오는 터무니없는 독설이 나의 이성을 혼란시켰네. 그는 마치 고대 로마의 웅변가처럼 버티고 서 있었지.

툴리도 그렇게까지 흥분하지는 못했을 걸세. 그는 확실히 지나쳤어. 그의 노쇠한 몸이 마구 떨렸지. 그는 "지금 내가 몹시 아프오. 머리가 빙빙 도는 것 같소"하고 말하더니 안락의자에 천천히 앉더군. 그리고 나서 원기를 회복했지.

나는 대화를 다시 시작했지만 어조를 바꾸었네. 그에게 진지하고 성실한 태도로 말했다네. 그에게 진심을 솔직하게 말해보라고 했지. 그는 솔직하고 마음에 감동을 주는 온화한 어조로 말했다네.

rage 성내다ㅣ with vehemence 격렬하게, 맹렬하게ㅣ ridicule 어리석음ㅣ confound 혼란시키다, 당황케하다 orator 웅변가ㅣ Tully 로마의 연설가, 정치가인ㅣ agitated 흥분한ㅣ go too far 지나치다ㅣ tremble 떨리다 an easy chair 안락의자ㅣ sentiment 감정, 생각ㅣ with candour 솔직하게, 정직하게ㅣ eloquence 웅변, 말솜씨 **point** for a certain portion of time 한동안

I did not believe him capable of thinking in the manner that he declared to me was "from the bottom of his heart."

He exprest his veneration — his love — of the Supreme Being, and his entire resignation to the will of Him who is Allwise. He exprest his desire to resemble the Authour of Goodness, by being good himself. His sentiments go no farther. He does not inflame his mind with grand hopes of the immortality of the Soul. He says it may be; but he knows nothing of it. And his mind is in perfect tranquillity.

I was moved; I was sorry. I doubted his Sincerity. I called to him with emotion, "Are you sincere? are you ready sincere?"

He answered, "Before God I am."

Then with the fire of him whose Tragedies have so often shone on the Theatre of Paris, he said,

"I suffer much. But I suffer with Patience and Resignation; not as a Christian — But as a Man."

나는 그가 나에게 단언한 것처럼 "마음속 깊은 곳에서 우러나오는" 식으로 생각할 수는 없다고 믿고 있었네.

그는 최고의 존재에 대한 그의 경의와 사랑, 그리고 모든 것을 아시는 그분의 의지에 대한 전적인 순종을 표현했네.

또한 그는 스스로 선해짐으로서 모든 선의 주인이신 그분을 닮고 싶다는 의견을 피력했네. 그의 생각은 거기서 멈추었지. 그의 마음속에는 영혼의 불멸성에 대한 희망이 타오르지 않고 있네. 아마 그럴지도 모른다고 그는 말했지만 그는 사실 아무것도 모르고 있네. 그리고 그의 마음은 완벽하게 평온을 유지하고 있지.

나는 감동을 받은 한편 미안해졌네. 그의 진심을 의심하고 있었거든. 나는 가슴이 벅차올라 그에게 "진심이십니까? 정말 그렇게 생각하십니까?" 하고 물었다네.

그는 대답했네. "하나님 앞에 서 있다 해도 그렇소."

그리고나서 파리의 연극무대를 그토록 자주 빛내 왔던 여러 비극작품의 작가로서 가지는 그 특유의 열정으로 그는 이렇게 말했네. "나는 많은 고통을 겪고 있소. 하지만 인내와 체념으로 고통을 견디어낸다오. 기독교인으로서가 아니라 한 인간으로서 말이오."

veneration 존경, 경의 | authour 저자, 주인 | inflame (마음에) 불지르다, 흥분시키다 | immortality 불멸, 영원 tranquillity 평온함, 안정, 고요함 | sincerity 진심, 진실 | with emotion 감동하여 | fire 열정 resignation 체념, 순종

38 James Boswell to William Johnson Temple(4)

Temple, was not this an interesting Scene?

Would a Journey from Scotland to Ferney have been too much to obtain such a remarkable Interview?

I have given you the great lines. The whole Conversation of the evening is fully recorded, and I look upon it as an invaluable Treasure. One day the Public shall have it. It is a Present highly worthy of their Attention.

I told M. de Voltaire that I had written eight quarto Pages of what he had said. He smiled and seemed pleased.

...

Forgive me, Temple, for having delayed to mention your concerns till almost at the end of my letter. You are sure how much I suffer from your uneasiness. I wish I could be as sure of releiving you ....

...

Temple, I am again as loyal as ever. I abhorr a despotic Tyrant. But I revere a limited Monarch. Shall I be a British Courtier? Am I worthy of the Confidence of my King?

제임스 보즈웰이
윌리엄 존슨 템플에게(4)

템플, 정말 흥미 있는 장면이 아니었는가?

그처럼 흔치 않은 면담의 기회를 위해서라면 스코틀랜드에서 페르니까지 여행하는 것이 뭐 그리 대수겠나? 나는 정말 대단한 소식을 자네에게 전해준 걸세.

그날 저녁의 대화는 전부 잘 기록되어 있고, 나에게는 그것이 정말 더 없이 귀중한 보물일세. 언젠가 대중들도 그것을 읽을 날이 오겠지. 사람들의 관심을 끌만한 훌륭한 가치를 지닌 자료일세.

볼테르 씨에게 4절판 종이 여덟 페이지에 걸쳐 그가 했던 말을 기록했다고 말했더니 그는 미소를 지었고 좋아하는 것 같더군.

...

템플, 겨우 편지 끝에 가서야 자네 안부를 묻는 나를 용서해 주게나. 자네의 심기가 불편해지면 내가 얼마나 힘들어하는지 알지 않는가. 자네 마음이 편하다는 것을 확인했으면 좋겠군.

...

템플, 나는 다시 그 어느 때보다 충성심에 가득차 있다네. 나는 독재적인 폭군을 혐오하네. 하지만 입헌적 군주는 존경하지. 내가 영국의 대신이 되겠는가? 내가 폐하의 신망을 받을만한 가치가 있을까?

lines 소식, 글 몇 줄 | invaluable 더 없이 귀한, 가치를 따질 수 없을 정도로 귀중한
quarto 4절판 | uneasiness 불편함 | relieve 경감하다, (고통을) 덜다 | abhor 혐오하다
despotic 독재적인, 포악한 | tyrant 폭군 | revere 존경하다 | a limited monarch 입헌 군주
courtier 대신, 신하

May George the Third chuse that the most honest and most amiable of his Subjects should stand continually in his Royal Presence?

I will if he says, "You shall be independent."

Churchill's death is awefull, The lines which Characterise him are excellent. Temple, this is a noble letter. Fare you well, My ever Dear Friend.

James Boswell

조지 3세께서 그의 신하들 중에 가장 정직하고 가장 호감가는 사람은 그의 앞을 떠나지 않고 계속 지키라고 하시겠나?

만약 폐하께서 "그대는 자유롭게 행동하라" 하시면 그렇게 하겠네.

처칠이 죽은 것은 정말 안됐네. 그에 대해 기술한 글은 정말 훌륭하네. 템플, 이것은 귀중한 편지일세. 잘 있게나, 나의 가장 친애하는 친구.

제임스 보즈웰

in one's presence ~의 앞에서 | Churchill 영국 시인 (Charles churchill) | characterise ~의 특징을 묘사하다
point George the Third 영국 국왕 조지 3세 (1738 ~ 1820)

39 Voltaire to James Boswell

11e. fevrier 1765. au Chauteau de Ferney par Genève.

My distempers and my bad eyes do not permit me to answer with that celerity and exactness that my duty and my heart require. You seem solicitous about that pretty thing call'd Soul.

I do protest you I know nothing of it: nor wether it is, nor what it is, nor what it shall be. Young scolars, and priests know all that perfectly. For my part I am but a very ignorant fellow.

Let it be what it will, I assure you my soul has a great regard for your own. When you will make a turn into our deserts, you shall find me (if alive) ready to show you my respect and obsequiousness.

V.

A Monsieur,

Monsieur Boswell,

Chez Messieurs Paul et Pierre,

Torraz,

A Turin.

볼테르가 제임스 보즈웰에게

1765년 2월 11일 제네바의 쇼토 드 페르니에서.

내 몸이 쇠약하고 눈도 좋질 않아서 내 마음과는 달리 답장을 신속하게 또 정확하게 보내지 못하였소. 그대는 영혼이라고 불리는 그 재미있는 존재에 관하여 상당히 열심인 것 같소.

내가 단언하건대, 나는 영혼에 대하여 아무것도 아는 바가 없소. 그것이 어떤 것인지, 무엇인지, 미래에는 어떻게 되는 것인지 아무것도 모르오.

그런 문제라면 젊은 학자들과 사제들이 잘 알고 있을 것이오. 나로 말하자면, 나는 한낱 무지한 범인일 뿐이오.

영혼이야 앞으로 어떻게 되든 내가 확실히 말할 수 있는 것은 내 영혼이 그대의 영혼을 존중하고 있다는 것이오. 우리가 살고 있는 이 황량한 곳에 들리게 되면 내가(만약 살아 있다면) 존경과 사랑으로 그대를 맞을 준비가 되어 있다는 것을 알게 될 것이오.

V.

뷔렝
토라즈의
폴과 피에르 씨 댁내
보즈웰 씨에게

---

fevrier (불어) 2월 |distemper 병, (심신의) 이상 |celerity 신속함, 민첩함 |exactness 정확, 정밀
solicitous 열심인, 간절히 원하는 |scolar 학자 (=scholar) |for one's part ~로서는, ~의 편에서는
but ~에 지나지 않는 (=only) |have a great regard for ~을 존경하다
obsequiousness 순종, 아첨, 아부 |chez (불어) ~에, ~의 집에 |messieurs (불어) monsieur의 복수형

40 Benjamin Franklin to a Young Friend(1)

June 25, 1745.

My dear friend:

I know of no Medicine fit to diminish the violent natural inclination you mention; and if I did, I think I should not communicate it to you. Marriage is the proper Remedy.

It is the most natural State of Man, and therefore the State in which you will find solid Happiness. Your Reason against entering into it at present appears to be not well founded.

The Circumstantial Advantages you have in View by Postponing it, are not only uncertain, but they are small in comparison with the Thing itself, *the being married and settled.* It is the Man and Woman united that makes the complete human Being. Separate she wants his force of Body and Strength of Reason; he her Softness, Sensibility and acute Discernment. Together they are most likely to succeed in the World.

A single Man has not nearly the Value he would have in that State of Union. He is an incomplete Animal.

벤자민 프랭클린이 젊은 친구에게(1)

1745년 6월 25일

친구에게;

나는 자네가 말한 그런 인간의 폭력적인 본능을 약화시킬 만한 묘약을 알지 못하네. 만약 내가 안다고 하더라도 그걸 자네에게 알려줘서는 안 된다고 생각하네.

결혼이야말로 적당한 치료법이지.

그것이 남자에게 있어서 가장 자연스러운 상태이므로 거기서 확실한 행복을 찾을 수 있네. 지금 결혼을 반대하는 자네의 논리는 근거가 좀 약해 보이는군.

결혼을 미룸으로서 얻게 되는 부수적인 이점들은 확실하지도 않을 뿐더러 결혼하여 가정을 꾸리고 안정되는 것 자체와 비교해 볼 때 대단치 않은 것들이지.

남자와 여자가 합쳐져서 완전한 인간을 이루는 것일세.

분리된 상태에서는 여성은 남성의 육체적 힘과 이성적 능력을 원하게 되고, 남성은 여성의 부드러움과 감수성, 예리한 직관력을 원하게 되지.

둘이 함께라면 세상에서 성공적으로 살아갈 가능성이 아주 높아진다네.

독신 남성은 결혼생활에서 얻을 수 있는 가치를 도저히 얻을 수 없고 불완전한 동물이 될 뿐이야.

벤자민 프랭클린(1706-1790) : 미국의 정치가, 과학자, 문필가

diminish 낮추다, 경감하다 | violent 폭력적인, 사나운 | inclination 경향, 성품, 성향
circumstantial 상황에 따르는, 부수적인 | have in view 기대하다, 믿다 | in comparison with ~과 비교하여
sensibility 감수성, 다정다감함 | acute 예리한 | discernment 통찰력, 직관력
not nearly 도저히, 결코 ~하지 않는

He resembles the odd Half of a Pair of Scissors.

If you get a prudent, healthy wife, your Industry in your Profession, with her good Economy, will be a Fortune sufficient.

But if you will not take this Counsel, and persist in thinking a Commerce with the Sex is inevitable, then I repeat my former Advice that in your Amours you should *prefer old Women to young ones.*

마치 가위에서 한쪽 날을 빼버린 이상한 모습이라고 할 수 있지.

자네가 분별력 있고 건강한 아내를 얻는다면 자네의 근면한 노동과 아내의 알뜰함이 합쳐져서 충분한 자산이 된다네.

하지만 이런 충고를 받아들이지 않으면서 단순한 성적 교섭은 불가피하다고 계속 생각한다면 연애에 대하여 내가 전에 했던 조언, 즉 젊은 여자보다는 나이든 여자를 선택하라는 말을 다시 한번 해주고 싶네.

---

prudent 신중한, 분별력 있는 | industry 근면 | economy 절약, 알뜰함 | counsel 충고, 조언 | persist in ~을 고집하다 | commerce 사교, (성적) 교섭, 교제 | inevitable 불가피한, 없어서는 안 되는 | amour (불어) 연애, 정사 | prefer A to B B보다 A를 선호하다

41 Benjamin Franklin to a Young Friend(2)

This you call a Paradox, and demand my reasons.

They are these:

1. Because they have more Knowledge of the world, and their Minds are better stored with Observations; their Conversation is more improving, and more lastingly agreeable.

2. Because when Women cease to be handsome, they study to be good. To maintain their Influence over Man, they supply the Diminution of Beauty by an Augmentation of Utility. They learn to do a thousand Services, small and great, and are the most tender and useful of all Friends when you are sick. Thus they continue amiable. And hence there is hardly such a thing to be found as an old Woman who is not a good Woman.

3. Because there is no hazard of children, which irregularly produced may be attended with much inconvenience.

4. Because through more Experience they are more prudent and discreet in conducting an Intrigue to prevent Suspicion.

벤자민 프랭클린이 젊은 친구에게(2)

자네는 내 말에 모순이 있다고 생각하며 합리적인 설명을 요구하겠지.

그 이유는 다음과 같네.

1. 그들은 세상에 대하여 더 잘 알고 있고, 그들의 마음에는 지금까지 보아온 정보들이 더 많이 쌓여 있지. 그들과의 대화는 점점 더 향상되며 오래도록 유쾌하게 진행된다네.

2. 여자가 아름다움을 잃어버리면 착해지는 법을 연구한다네.

남자에 대한 영향력을 유지하기 위해서 실용적인 면을 강화함으로써 시들어가는 미모를 보충하려고 하거든.

크든 작든 수많은 서비스를 개발하고 자네가 아플 때는 그 어떤 친구보다도 가장 온순하고 쓸모 있는 친구가 되어줄 걸세.

그리고 계속해서 그렇게 다정하게 대해 주지. 그러니까 나이 든 여자 치고 착하지 않은 여자는 거의 없다네.

3. 아기가 생길 위험이 없기 때문이지. 아기가 불쑥 생겨나면 여러모로 불편해지거든.

4. 그들은 경험이 많기 때문에 더욱 신중하고 조심성이 있어서 사람들의 의심을 받지 않고 만나서 사랑을 나눌 수가 있지.

observation 관찰 | agreeable 기분 좋은, 유쾌한 | supply 보상하다, 보충하다
diminution 감소, 축소 | augmentation 강화 | utility 실용성 | hence 그러므로 | hazard 위험
irregularly 불규칙적으로, 예측할 수 없게 | discreet 신중한 | intrigue 정사, 밀통 | suspicion 의심
point paradox 역설, 모순

The Commerce with them is therefore safer with regard to your reputation; and regard to theirs, if the Affair should happen to be known, considerate People might be inclined to excuse an old Woman, who would kindly take care of a young Man, form his manners by her good Councils, and prevent his ruining his Health and Fortune among mercenary Prostitutes.

5. Because in every Animal that walks upright, the Deficiency of the Fluids that fill the Muscles appears first in the highest Part.

The Face first grows lank and wrinkled; then the Neck; then the Breast and Arms: the lower parts continuing to the last as plump as ever; so that covering all above with a Basket, and regarding only what is below the Girdle, it is impossible of two Women to know an old from a young one.

And as in the Dark all Cats are grey, the Pleasure of Corporal Enjoyment with an old Woman is at least equal and frequently superior; every Knack being by Practice capable by improvement.

6. Because the sin is less. The Debauching of a Virgin may be her Ruin, and make her for Life unhappy.

그러니까 자네의 명성을 생각할 때 나이든 여자를 만나는 것이 더 안전하다네.

또 그들의 체면을 생각해도 그렇다네. 만약 연애 사실이 알려진다 해도 사려 깊은 사람들은 나이든 여자에 대해서는 더 관대한 경향이 있다네.

그들은 젊은 남자를 친절하게 돌봐주고, 훌륭한 조언으로 생활방식을 형성시켜 주며, 돈만 아는 창녀들을 상대하며 건강을 망치고 재산을 날리는 걸 막아 주거든.

5. 똑바로 걸어 다니는 모든 동물들에 있어서 근육 사이사이를 채우는 체액의 부족은 먼저 몸의 제일 윗부분에 나타나게 되어 있네.

우선 얼굴이 홀쭉해지고 주름이 잡히고, 그 다음에 목, 그 다음에 가슴과 팔, 이런 식으로 진행되지. 몸의 아래쪽은 예전과 같이 풍만하여 마지막까지 그대로 남아 있다네.

그러니 허리 위는 다 통으로 덮어버리고 코르셋 아래로만 따진다면 두 여자 중에서 어느 여자가 젊고 어느 여자가 늙었는지 도저히 알 수 없는 일이지.

그리고 어두운 곳에서는 고양이가 전부 회색으로 보인다는 말처럼 나이 든 여자와 즐기는 쾌락은 적어도 젊은 여자와 동등하거나 많은 경우에 더 낫다는 말일세. 모든 기술은 연습에 의하여 더 향상될 수 있는 법이거든.

6. 그리고 죄도 덜 지을 수 있지. 처녀를 유혹한다면 그 처녀를 파멸시키고 일생 동안 불행 하게 만들 수도 있다네.

with regard to 생각하여 | affair 연애 사건, 추문 | be inclined to ~하는 경향이 있다, ~하기 쉽다
mercenary 상업적인, 돈을 목적으로 하는 | prostitute 창녀 | deficiency 결핍, 부족 | fluid 액체
lank 여윈, 홀쭉한 | plump 통통한, 풍만한 | girdle 코르셋의 일종, 속옷 | corporal 육체적인
superior 더 나은, 더 뛰어난 | knack 기교, 솜씨 | debauch 타락시키다, 유혹하다 | for life 일생 동안

7. Because the Compunction is less. The having made a young Girl *miserable* may give you frequent bitter Reflections; none of which can attend making an old Woman *happy*.

8th & lastly. They are so grateful! ! !

Thus much for my Paradox. But still I advise you to marry immediately; being sincerely

Your Affectionate Friend,

Benj. Franklin

7. 그러니 양심의 가책도 더 적을 수밖에. 어린 소녀를 비참하게 만들면 잦은 후회에 시달리겠지만 나이 든 여자를 행복하게 해주는 데는 이런 후회가 생기지 않지.

8. 마지막으로 그들은 무척 감사해한다네!

　이것으로 나의 역설에 대한 해명을 마치겠네. 그렇지만 나는 아직도 자네가 즉시 결혼할 것을 권하는 바이네.

　　　　　　자네를 아끼는 친구

　　　　　　　　　　　　　　　벤자민 프랭클린

compunction 양심의 가책, 후회 ∣reflection 반성, 후회 ∣affectionate 애정 어린, 다정한

42 Benjamin Franklin to Miss E. Hubbard

Philadelphia, February 23, 1756.

I condole with you. We have lost a most dear and valuable relation. But it is the will of God and nature, that these mortal bodies be laid aside, when the soul is to enter into real life.

This is rather an embryo state, a preparation for living. A man is not completely born until he is dead. Why then should we grieve, that a new child is born among the immortals, a new member added to their happy society? We are spirits.

That bodies should be lent us, while they can afford us pleasure, assist us in acquiring knowledge, or in doing good to our fellow creatures, is a kind and benevolent act of God.

When they become unfit for these purposes, and afford us pain instead of pleasure, instead of an aid become an encumbrance, and answer none of the intentions for which they were given, it is equally kind and benevolent, that a way is provided by which we may get rid of them. Death is that way.

We ourselves, in some cases, prudently choose a partial death.

벤자민 프랭클린이 E. 허버드 양에게

1756년 2월 23일, 필라델피아

깊은 조의를 표합니다. 우리는 가장 다정하고 귀중한 친구를 잃었습니다.

하지만 영혼이 진정한 삶의 세계로 들어가게 될 때 이 썩어질 몸은 버리는 것이 하나님과 자연의 뜻입니다.

현재의 몸은 마치 태아와 같은 상태로 영생을 위한 준비단계입니다.

사람이 죽기 전까지는 완전히 태어났다고 할 수 없습니다.

그렇다면 영원히 사는 사람들 사이에 새로운 아기가 태어나서, 그들의 행복한 사회에 새 일원으로 합류하는 일에 우리가 왜 슬퍼해야 합니까?

우리의 본질은 영혼입니다.

우리에게 몸을 빌려주신 것은 몸을 통하여 기쁨을 얻고, 지식을 얻고 우리의 동료인 다른 인간들에게 선행을 베풀라는 하나님의 자비요, 은총입니다.

우리의 몸이 이러한 목적에 부적합하게 되고 기쁨 대신에 고통을, 도움은커녕 방해만 된다면, 또 원래 몸을 주신 목적을 수행할 수 없게 된다면, 그 몸을 없앨 수 있는 수단을 주신 것도 똑같은 자비요, 은총이라고 할 수 있습니다.

죽음이란 그런 것입니다.

어떤 경우에는 우리 스스로 신중한 판단을 거쳐 일부분의 죽음을 선택하기도 합니다.

---

condole 위로하다, 조의를 표하다 | mortal 유한한, 죽을 수밖에 없는 | lay aside 버리다, 치우다 | embryo 태아
grieve 슬퍼하다, 애도하다 | immortal 영원한, 죽지 않는 | afford 주다, 제공하다
do good to ~에게 좋은 일을 하다, ~에게 도움이 되다 | benevolent 자비한, 은혜로운 | unfit 부적합한
encumbrance 방해, 장애물 | get rid of ~을 없애다 | prudently 신중하게 | partial 일부분의

A mangled painful limb, which cannot be restored, we willingly cut off. He who plucks out a tooth, parts with it freely, since the pain goes with it; and he, who quits the whole body, parts at once with all pains and possibilities of pains and diseases which it was liable to, or capable of making him suffer.

Our friend and we were invited abroad on a party of pleasure, which is to last for ever.

His chair was ready first, and he is gone before us. We could not all conveniently start together; and why should you and I be grieved at this, since we are soon to follow, and know where to find him?

Adieu,

B. Franklin

우리의 팔다리가 심하게 다쳐서 고통만 주고 회복할 가능성이 없다면, 우리는 기꺼이 그것들을 잘라 내버릴 것입니다.

이빨을 뽑아서 떼어버린다면 고통도 그와 함께 사라지는 것입니다. 만약 몸 전체를 버린다면 몸이 있다면 피하기 어렵고 인간에게 고통을 줄 수 있는 모든 고통과 고통의 가능성, 갖은 질병들과도 그 즉시 헤어지게 됩니다.

우리 친구뿐 아니라 우리 모두 영원히 계속되는 기쁨의 잔치에 참석하도록 초대받았습니다. 그의 자리는 먼저 준비되었고, 그래서 우리보다 먼저 떠난 것입니다.

모두 함께 출발하면 편하겠지만 그럴 수가 없습니다. 그렇다면 우리도 곧 그의 뒤를 따를 것이고 어디서 그를 만날 수 있는지 알고 있는데 당신과 내가 슬퍼할 까닭이 무엇이겠습니까?

안녕히 계십시오.

B. 프랭클린

---

mangle 망치다, 결판내다 | limb 팔다리, 수족 | cut off 잘라내다 | pluck out 뽑아내다
part with 떼어놓다, 헤어지다 | liable to ~을 면할 수 없는, ~하기 쉬운 | abroad 밖에, 외출하여

43 Benjamin Franklin to William Strahan

Philad July 5, 1775

Mr. Strahan,

You are a Member of Parliament, and one of that Majority which has doomed my Country to Destruction.

— You have begun to burn our Towns and murder our People.

— Look upon your hands!

— They are stained with the Blood of your Relations!

— You and I were long friends:

— You are now my Enemy,

— and

I am

Yours,

B. Franklin

벤자민 프랭클린이
윌리엄 스트라한에게

1775년 7월 5일 필라드

스트라한 씨.

당신은 의회 의원이고 나의 조국에 파괴의 선고를 내린 다수당의 일원이오.
당신들은 우리 도시들을 불태우고 사람들을 죽이기 시작했소.
그대들의 손을 좀 내려다보시오!
동포의 피로 물들어 있지 않소!
당신은 나의 오랜 친구였소.
그러나 이제는 나의 적이오.
그리고 나는 당신의 적이오.

B. 프랭클린

---

parliament 의회 | majority 다수당 | destruction 파괴, 멸망 | look upon 내려다보다
stain 더럽히다, 물들이다 | relation 친족, 동포
point doom A to B A에게 B를 선고하다, A를 B의 운명으로 이끌다

44 George Washington to His Critics

Valley Forge, December 23, 1777.

Sir;

... Though I have been tender heretofore of giving any opinion, or lodging complaints, as the change in that department took place contrary to my judgment, and the consequences thereof were predicted; yet, finding that the inactivity of the army, whether for want of provisions, clothes, or other essentials, is charged to my account, not only by the common vulgar but by those in power, it is time to speak plain in exculpation of myself.

With truth, then, I can declare that no man in my opinion ever had his measures more impeded than I have, by every department of the army.

... As a proof of the little benefit received from a clothier-general, and as a further proof of the inability of an army, under the circumstances of this, to perform the common duties of soldiers.... we have, by a field-return this day made, no less than two thousand eight hundred and ninety-eight men now in camp unfit for duty, because they are barefoot and otherwise naked....

조지 워싱턴이 반대자들에게

1777년 12월 23일 밸리 포지

여러분;

... 그 부분에서의 변화가 내 뜻과는 반대로 진행되었고 그 결과가 충분히 예견되었지만 지금까지는 되도록 어떤 의견이나 불만사항의 제기를 삼가왔습니다.

그러나 군량이나 군복, 혹은 다른 군수품의 부족으로 군이 무력해진 것인데 일반 국민들뿐 아니라 권력층의 사람들조차 그 원인을 내 탓으로 돌리는 것을 알게 되어 이제는 분명한 어조로 나 자신을 변호할 때가 되었다고 생각합니다.

진실로 내가 확실히 말할 수 있는 것은 나와 같이 군의 모든 부문에 의한 많은 방해와 저항에 직면했던 사람은 아무도 없었다는 것입니다.

... 군복을 거의 조달받지 못한 증거와 이와 같은 상황하에서 군인의 일반적인 의무를 수행할 수 없는 군의 무력함에 대한 증거로...

오늘 전장에서 귀환한 군사들 중에 맨발에다가 다른 옷도 제대로 갖춰 입지 못했기 때문에 임무수행에 적합치 못한 군사들이 적어도 2898명 이상 진영에 있습니다....

조지 워싱턴(1732-1799) : 미국 초대 대통령

be tender of ~하지 않도록 주의하다 | heretofore 지금까지는 | lodge (반대, 불평 따위를)제기하다, 내세우다 | take place 일어나다, 발생하다 | contrary to ~에 반하여 | consequence 결과 | thereof 그것의 | inactivity 활동하지 않음, 무력함 | for want of ~이 부족하여, ~이 없어서 | provision 군량, 식량 | common vulgar 일반 평민, 서민 | plain 분명히, 확실히 | exculpation 변호, 변명 | measures 방책, 수단 | impede 방해하다 | clothier 의복상, 의복업자 | no less than 적어도, ~이상 | **po in t** charge to one's accoumt ~의 탓으로 돌리다

Since the 4th instant, our numbers fit for duty, from the hardships and exposures they have undergone, particularly on account of blankets (numbers having been obliged, and still are, to sit up all night by fires, instead of taking comfortable rest in a natural and common way), have decreased near two thousand men.

We find gentlemen, without knowing whether the army was really going into winter-quarters or not ... reprobating the measure as much as if they thought the soldiers were made of stocks or stones, and equally insensible of frost and snow....

But what makes this matter still more extraordinary in my eye is, that these very gentlemen, — who were well apprized of the nakedness of the troops from ocular demonstration... should think a winter's campaign, and the covering of these States [New Jersey and Pennsylvania] from the invasion of an enemy, so easy and practicable a business,

이 달 4일 이후로 여러 가지 어려움, 특히 담요가 부족하여 추위에 노출된 병사들이 많아서 (많은 병사들이 보통 사람들처럼 자연스럽고 편안한 상태에서 휴식을 취하지 못하고 밤새도록 모닥불가에 앉아서 떨고 있어야 했고, 아직도 떨고 있습니다) 전투 능력이 있는 병력의 수는 거의 이천 명이나 감소했습니다.

군대가 정말로 동계 막사로 들어가는지 아닌지도 모르면서... 마치 병사들이 통나무나 돌덩이로 만들어진 양 서리나 눈에 무감각하다고 생각하는 것처럼 그 조치를 비난하는 사람들을 많이 보게 됩니다....

그러나 이 문제가 내 눈에 더욱 특이하게 보이는 이유는 바로 이 사람들이, 눈으로 직접 보고 군대가 헐벗고 있다는 사실을 잘 알고 있는 이 사람들이... 동계 군사작전과 [뉴저지와 펜실베이니아] 주들을 적의 공격으로부터 방어하는 일을 너무나 쉽고 실행 가능한 일로 생각하고 있다는 것입니다.

---

instant 이 달의 | undergo 경험하다, 겪다 | on account of ~때문에 | winter-quarters 동계 진영, 거처
reprobate 책망하다, 비난하다 | measure 측정하다 | stock 나무토막 | insensible 무감각한
be apprized of ~에 대하여 알고 있다 | ocular 눈의 | demonstration 증거, 시범 | covering 엄호, 방어

I can assure those gentlemen, that it is a much easier and less distressing thing to draw remonstrances in a comfortable room by a good fireside, than to occupy a cold, bleak hill, and sleep under frost and snow, without clothes or blankets.

However, although they seem to have little feeling for the naked and distressed soldiers, I feel superabundantly for them, and, from my soul, I pity those miseries, which it is neither in my power to relieve or prevent.

It is for these reasons, therefore, that I have dwelt upon the subject; and it adds not a little to my other difficulties and distress to find, that much more is expected of me than is possible to be performed, and that upon the ground of safety and policy I am obliged to conceal the true state of the army from public view, and thereby expose myself to detraction and calumny....

George Washington

그들에게 확실히 말할 수 있는 것은 따뜻한 불가에 앉아 안락한 방에서 충고나 하는 일이 춥고 황량한 언덕에 주둔하면서 옷이나 담요도 없이 서리와 눈발 아래서 잠드는 일보다 훨씬 더 쉽고 덜 괴로운 일이라는 것입니다.

그러나 그들은 헐벗고 고통당하는 병사들을 별로 동정하고 있는 것 같지 않지만, 나는 진심으로 병사들의 불행을 깊이 슬퍼하고 있으며 나의 힘으로는 덜어 주거나 막아줄 수는 없지만 그 비참함을 가슴 아파하고 있습니다.

이런 이유들로 이 문제에 대하여 자세히 말씀드린 겁니다.

내 능력으로 할 수 있는 일 이상의 많은 일들이 나에게 요구되고 있고 안보상, 또 정책상 군의 실제 상황을 국민들에게 숨겨야 하므로 대신 나 자신이 비난과 중상의 표적이 되고 있다는 것이 나의 다른 어려움과 괴로움에 더하여 상당한 부담이 되고 있습니다....

조지 워싱턴

distressing 괴로운, 비참한 | remonstrance 충고, 항의 | occupy 주둔하다 | bleak 쓸쓸한, 황량한
superabundantly 지나치게, 과다하게 | relieve 경감하다, 구해주다
dwell-dwelt-dwelt 길게 논하다, 강조하다 | not a little 상당히, 많이 | upon the ground of ~을 근거로
detraction 비난, 욕 | calumny 중상, 비방

45 George Washington to Colonel Nichola

Sir,

With a mixture of great surprise & astonishment I have read with attention the Sentiments you have submitted to my perusal.

— Be assured Sir, no occurrence in the course of the War, has given me more painful sensations than your information of there being such ideas existing in the Army as you have expressed, & I must view with abhorrence, and reprehend with severely — For the present, the communication of them will rest in my own bosom, unless some further agitation of the matter shall make a disclosure necessary. —

I am much at a loss to conceive what part of my conduct could have given encouragement to an address which to me seems big with the greatest mischiefs that can befall my Country.

— If I am not deceived in the knowledge of myself, you could not have found a person to whom your schemes are more disagreeable —

조지 워싱턴이 니콜라 대령에게

1782년 5월 22일 뉴버그

대령.

일전에 전해 준 대령의 생각이 담긴 글을 대단히 놀라고 한편 경악하면서 주의 깊게 읽어보았소.

대령이 표현한대로 그런 생각들이 군에 존재한다는 사실 이상으로 나에게 괴롭게 느껴진 일은 전쟁이 진행되는 과정에서 단 하나도 없었다는 사실을 분명히 말할 수 있소.

내가 엄중히 조사하여 문책할 것이오.

현재로서는 일이 더 확대되어 밝힐 필요가 생기지 않는 이상 이 일을 내 가슴 속에 묻어둘 것이오.

나의 행동 중 어떤 부분이 우리 조국에 일어날 수 있는 가장 큰 해악으로 꽉 차 있는 그런 제언을 부추겼는지 나로서는 어리둥절할 뿐이오.

내가 내 자신을 잘 모르는 것이 아니라면 대령의 계획에 나보다 더 반대할 사람은 어디서도 찾을 수 없을 거요.

with attention 주의 깊게 | sentiment 생각, 감정 | perusal 정독, 숙독
occurrence 사건, 생긴 일 | in the course of ~의 과정에, ~이 진행되는 중에 | abhorrence 혐오, 싫어함
reprehend 비난하다 | with severely 엄중하게, 가혹하게 | agitation 동요, 소동, 흥분
at a loss 당황한, 어쩔 줄 모르는 | conceive 생각하다, 느끼다 | encouragement 격려 | address 제언
big with ~으로 가득한 | befall 일어나다, 닥치다
point rest in one's bosom 가슴속에 있다

at the same time in justice to my own feeling I must add, that no man possesses a more sincere wish to see ample justice done to the Army than I do,

and as far as my powers & influence, in a constitution, may extend, they shall be employed to the utmost of my abilities to effect it, should there be any occasion — Let me conjure you then, if you have any regard for your Country — concern for yourself or posterity — or respect for me, to banish these thoughts from your mind, & never communicate, as from yourself, or any one else, a sentiment of the like nature. —

With esteem I am Sir
Yr Most Obed Ser
G. Washington

Col Nichola,

또 동시에 나 자신의 감정에 충실하게 생각해볼 때 군에 충분한 정의가 이루어지기를 나보다 더 진정으로 바라는 사람은 없다는 것을 덧붙여야겠소.

정부에서의 내 권한과 영향력의 한도 안에서 내 능력이 닿는 한 정의가 이루어지도록 최선을 다할 것이오. 만약 그런 일이 생긴다면 말이오.

그대가 조국을 조금이라도 생각한다면, 그대 자신과 후손들을 조금이라도 염려한다면, 나를 조금이라도 존중한다면 그런 생각을 마음속에서 몰아내 버리고 다른 누구와도 그런 생각을 서로 주고받지 말기를 간청하오.

존경과 경의를 표하며
조지 워싱턴

니콜라 대령에게

---

in justice to ~에 공평하게 | ample 충분한, 광대한 | constitution 정부 조직 | to the utmost of ~이 닿는 한
conjure 탄원하다 | have a regard for ~을 존중하다 | banish 쫓아내다 | esteem 존경 | sentiment 감정적인 생각

46 Thomas Paine to George Washington(1)

As censure is but awkwardly softened by apology, I shall offer you no apology for this letter.

The eventful crisis to which your double politics have conducted the affairs of your country, requires an investigation uncramped by ceremony.

There was a time when the fame of America, moral and political, stood fair and high in the world. The lustre of her revolution extended itself to every individual, and to be a citizen of America gave a title to respect in Europe ....

The Washington of politics had not then appeared ....

I declare myself opposed to several matters in the constitution, particularly to the manner in which, what is called the Executive, is formed....

I also declare myself opposed to almost the whole of your administration; for I know it to have been deceitful, if not even perfidious....

토마스 페인이 조지 워싱턴에게(1)

1796년 7월 30일 파리

비난을 하고 다시 사과를 한다고 해서 마음이 완전히 풀리는 것은 아니니 나는 이 편지에 대하여 앞으로 사과하지 않겠소.

당신의 이중적인 정치행태가 당신의 나라를 중차대한 위기로 몰아넣었으니 응당 형식에 구애받지 않는 조사가 필요하다고 하겠소.

한때 미국이 도덕적으로 정치적으로 전 세계에서 높이 평가를 받아 명성을 드높였소.

미국 혁명의 광채가 모든 사람들 하나하나에게까지 영향을 주고 미국의 시민이라면 유럽에서 존경을 받을 만한 자격증이나 마찬가지였소....

그 당시에는 정치 술수에 능한 워싱턴이 아직 등장하지 않았었소.

나 자신은 미국헌법의 여러 가지 사항들에 반대하는 바요. 특히 소위 행정부라는 조직이 형성되는 방식에 반대하오.

또한 당신의 내각 거의 전체를 반대하오. 왜냐하면 그것이 반역적이진 않다 할지라도 기만적이라는 것을 알기 때문이오....

censure 비난, 질책, 혹평 | awkwardly 어색하게, 섣부르게 | eventful 중대한
uncramped 제한받지 않고, 속박되지 않고 | lustre 광채, 빛 | the American Revolution 미국 독립전쟁
extend to ~로 확대하다, ~에 미치다 | give a title to ~의 자격을 주다 | oppose to ~에 반대하다
constitution 정부조직, 정체 | executive 행정부, 집행부 | administration 내각, 정부
point deceitful 기만적인 | perfidious 배반한, 불성실한

It was very well said ... that "thirteen staves and never a hoop will not make a barrel," and as any kind of hooping the barrel, however defectively executed, would be better than none, it was scarcely possible but that considerable advantages must arise from the federal hooping of the States.

It was with pleasure that every sincere friend to America beheld as the natural effect of union, her rising prosperity, and it was with grief they saw that prosperity mixed, even in blossom. with the germ of corruption.

Monopolies of every kind marked your administration almost in the moment of its commencement. The lands obtained by the revolution were lavished upon partizans; injustice was acted under pretence of faith; and the chief of the army became the patron of the fraud. From such a beginning what else could be expected, than what has happened? A mean and servile submission to the insults of one nation; treachery and ingratitude to another. The fugitives have found protection in you ....

"열 세 개의 널빤지가 있더라도 한 개의 고리테가 없다면 통이 만들어지지 않는다" 라는 속담은 매우 타당하오. 아무리 조잡하더라도 어떤 종류의 테두리가 있는 것이 전혀 없는 것보다 훨씬 나은 것처럼 미국의 주들을 연방으로 묶어 주는 것이 상당히 유리하게 작용할 것이라는 것은 거의 의심의 여지가 없었소.

미국의 모든 진정한 우방들이 연합의 자연스러운 효과 속에서 미국이 번영하는 것을 바라보며 기쁨을 느꼈소. 그러나 그 번영이 활짝 만개할 때조차 부패의 세균에 감염되는 것을 바라보며 슬픔을 느꼈소.

당신의 정부는 거의 출발 순간부터 온갖 종류의 독점을 일삼았소.

혁명으로 얻은 토지는 일당들에게 아낌없이 나눠 주었소. 신념을 빙자하여 불의가 자행되었고 군의 사령관은 부정행위의 후원자가 되었소.

그런 출발에서 지금까지 벌어진 일 말고 어떻게 더 나은 결과를 기대하겠소? 한 나라의 모욕에 대한 비참하고 굴욕적인 항복, 또 다른 나라에 대한 반역과 배반, 도망자들은 당신에게서 숨을 곳을 찾았소....

토마스 페인 (1737-1809) : 영국의 정치가, 철학자, 작가

stave 널(판) | hoop 테, 고리 | barrel (나무로 된) 커다란 통 | defectively 불완전하게
execute 제작하다, 완성하다 | scarcely but ~하지 않는 것은 거의 없는 | behold-beheld-beheld 보다
germ 세균 | corruption 부패, 변질 | monopoly 독점 | mark 특징짓다 | commencement 시작, 출발
lavish upon ~에 낭비하다, ~에 아낌없이 주다 | partizan 도당, 일파
under pretence of ~를 구실로, 빙자하여 | patron 후원자, 수호자 | servile 굴욕적인, 비굴한
submission 항복, 복종 | treachery 배반, 반역 | ingratitude 배은망덕, 은혜를 모름

47 Thomas Paine to George Washington(2)

As the federal constitution is a copy, though not quite so base as the original, of the form of the British Government, an imitation of its vices was naturally to be expected.

The part I acted in the American revolution is well known; I shall not here repeat it.

I know also that had it not been for the aid received from France in men, money and ships, that your cold and unmilitary conduct, as I shall show in the course of this letter, would, in all probability have lost America; at least she would not have been the independent nation she now is.

You slept away your time in the field till the finances of the country were exhausted, and you have but little share in the glory of the final event. It is time, sir, to speak the undisguised language of historical truth.

Elevated to the Presidency you assumed the merit of every thing to yourself, and the natural ingratitude of your constitution began to appear.

토마스 페인이 조지 워싱턴에게(2)

연방 정부조직은 영국 정부의 형태를 보고 베낀 것이니 원판만큼 저질은 아니더라도 그 해악을 닮는 것도 자연스러운 일이라 하겠소.

내가 미국 혁명에서 담당한 역할은 익히 잘 알려져 있으니 여기서 되풀이하지는 않겠소.

또한 프랑스가 군사와 금전적 원조, 선박을 지원해 주지 않았더라면 내가 이 편지 중에 쓰는 대로 핵심에서 벗어나고 군사적으로 적합치 못한 당신의 조치들 때문에 아마 십중팔구는 미국이 졌을 거요. 적어도 지금처럼 독립국가가 되지 못했을 거요.

당신은 나라의 재정이 바닥날 때까지 전쟁터에서 시간을 낭비했으니 최후 승리의 영광에 당신 몫이라 할만한 부분은 거의 없소. 이제는 역사적 진실을 숨김없이 털어놓을 때가 되었소.

대통령의 자리에 올라 당신은 모든 공적을 당신 자신에게 돌렸고, 당신 정부의 본성인 배은망덕함이 나타나기 시작했소.

base 천한, 야비한 |vice 해악, 악행 |unmilitary 비군사적인 |in the course of ~의 경과 중에, ~의 동안에 in all probability 아마, 십중팔구는 |sleep away 잠을 자며 보내다 |exhausted 고갈된, 다 써버린 undisguised 숨김없는 |elevated 올라간, 고양된 |assume 생각하다, 추측하다 |merit 공로, 공적 point had it not been for ~이 없었더라면

You commenced your Presidential career by encourageing and swallowing the grossest adulation, and you travelled America from one end to the other, to put yourself in the way of receiving it. You have as many addresses in your chest as James the II.

As to what were your views, for if you are not great enough to have ambition you are little enough to have vanity, they cannot be directly inferred from expressions of your own; but the partizans of your politics have divulged the secret.

...

I began to find that I was not the only one who had conceived an unfavorable opinion of Mr. Washington; it was evident that his character was on the decline as well among Americans, as among foreigners of different nations ....

...

The character which Mr. Washington has attempted to act in this world, is a sort of non-describable, camelion-colored thing, called prudence. It is, in many cases, a substitute for principle, and is so nearly allied to hypocrisy, that it easily slides into it....

...

당신은 사람들이 가장 추잡한 아첨을 하도록 조장하고 그것을 즐기면서 대통령의
업무를 시작했고 미국 전역을 순회하면서 마음껏 아첨을 받아왔소. 당신 마음속에는
제임스 2세만큼이나 많은 계략과 모략이 숨어 있소.

당신이 야망을 가질 정도로 큰 인물은 아니지만 허영심을 가질 정도의 소인배이기
때문에 당신이 실제로 품고 있는 생각은 당신 자신이 한 말에서 직접 추론할 수는 없소.
하지만 당신과 정치를 함께 하는 일당들이 그 비밀을 드러냈소....

워싱턴 씨에 대하여 나쁜 의견을 갖고 있는 것이 나쁨만이 아니라는 것을 발견하기
시작했소. 그에 대한 평가가 미국인들 사이에서도, 다른 나라들의 외국인들 사이에서도
나빠지고 있다는 것이 확실했소....

...

워싱턴 씨가 이 세상에서 보여주려 했던 태도는 뭐라 설명할 수 없고 카멜레온처럼
종잡을 수 없는 색깔, 한마디로 신중함이라는 것이오. 신중함이란 많은 경우에 원칙을
대신하며 위선과 아주 가깝게 결탁되어 있어서 자칫하다가는 위선의 나락으로 떨어지게
되어 있소....

commence 시작하다 | gross 추잡한, 상스러운 | adulation 아첨 | address 계략
James II 영국 스튜어트 왕조의 국왕 | vanity 허영 | infer 추론하다, 알아내다 | divulge 폭로하다, 누설하다
conceive (생각이나 의견을) 품다, 가지다 | unfavorable 불리한, 불찬성하는 | evident 명백한
on the decline 기울어지는, 내리막인 | non-describable 형언키 어려운, 특징이 없는, 설명하기 어려운
prudence 신중함 | a substitute for ~의 대용물, ~의 대신 | ally to ~과 제휴하다, 연합하다 | hypocrisy 위선
point put oneself in the way of ~의 기회를 가지다

...

And as to you, sir, treacherous to private friendship (for so you have been to me, and that in the day of danger) and a hypocrite in public life, the world will be puzzled to decide whether you are an apostate or an impostor, whether you have abandoned good principles, or whether you ever had any?

Thomas Paine

...

    그리고 사적으로는 우정을 배반하고(당신은 나를 배반했고 그것도 위험한 때에) 공직자로서 위선적이었던 당신에 대해 세상은 어떤 평가를 내려야 할지 어리둥절해 하고 있소. 당신이 배반자인지 사기꾼인지, 당신이 고매한 원칙을 포기했는지 아니면 그런 원칙을 애당초 갖고 있기나 했는지 종잡을 수 없다는 것이오.

토마스 페인

hypocrite 위선자 | puzzled 혼란스러운, 당황한 | apostate 배반자, 변절자 | impostor 사기꾼, 협잡꾼

48 Robespierre to George Jacques Danton

My dear Danton,

If, in the only sorrow that can overwhelm a spirit like yours, the knowledge that you have the devotion and tender sympathy of a friend affords you any consolation, I offer you mine.

I love you more than ever and until death.

At this moment I am one with you. Do not shut your heart to the voice of a friendship which shares all your grief.

Let us weep together for our friends and let us before long demonstrate the effects of our sorrow to the tyrants who are the cause of our public ills and private woes.

My friend, I have written these words that spring from my heart to you from Belgium.

I should already have come to see you except that I respected the first moments of your great affliction.

Your friend,

Robespierre

로베스피에르가 조지 자크 당통에게

친애하는 당통,

자네와 같이 강한 정신력을 가진 사람을 압도할 수 있는 슬픔 속에서도 자네에게 헌신적이고 다정하게 위로하는 친구가 있다는 걸 알게 되면 자네에게 조금이라도 위안이 될 수 있을까. 그렇다면 내가 자네를 위로해 주겠네.

자네를 그 어느 때보다도 더욱, 영원히 사랑하네.

지금 이 순간 자네와 나는 하나야. 자네의 모든 슬픔을 함께 아파하고 있는 이 친구의 목소리에 마음의 문을 닫지 않았으면 하네.

우리의 동지들을 위하여 함께 울고 이 모든 사회적 해악과 개인적 고통을 가져온 장본인인 저 독재자들에게 우리의 비탄이 어떤 결과를 가져오는지 우리 곧 보여주도록 하세.

친구여, 나는 지금 벨기에에서 내 마음속에서 쏟아져 나오는 대로 이 글을 쓰고 있네. 진작에 자네를 찾아가 만났어야 했지만 자네가 겪는 쓰라린 고통의 순간들을 얼마 동안은 방해하고 싶지 않았네.

친구 로베스피에르

로베스피에르(1758-1794) : 프랑스의 혁명 정치가
당통(1759-1794) : 프랑스의 혁명 정치가

overwhelm 압도하다, 덮치다 | consolation 위로, 위안 | before long 머지 않아, 곧 demonstrate 증명하다, 드러내다, 나타내다 | tyrant 폭군, 독재자 | ills 불행, 재난 | woe 비애, 고통 affliction 고통, 고뇌

49 Napoleon Bonaparte to Josephine(1)

Verona, November 13th, 1796

I don't love you, not at all; on the contrary, I detest you — You're a naughty, gawky, foolish Cinderella.

You never write me; you don't love your husband; you know what pleasure your letters give him, and yet you haven't written him six lines, dashed off casually!

What do you do all day, Madam?

What is the affair so important as to leave you no time to write to your devoted lover?

What affection stifles and puts to one side the love, the tender and constant love you promised him?

Of what sort can be that marvelous being, that new lover who absorbs every moment, tyrannizes over your days, and prevents your giving any attention to your husband?

Josephine, take care! Some fine night, the doors will be broken open, and there I'll be.

Indeed, I am very uneasy, my love, at receiving no news of you;

나폴레옹 보나파르트가 조세핀에게(1)

1796년 11월 13일, 베로나

난 당신을 전혀 사랑하지 않소. 그 반대로 당신을 미워하오.

당신은 심술궂고 둔하고 바보 같은 신데렐라요.

편지를 한 통도 안 쓰는 걸 보니 당신 남편을 사랑하지 않는가 보군. 당신의 편지가 어떤 기쁨을 주는지 알면서도 성의 없이 대충 몇 줄조차도 쓰지 않는단 말이오!

부인, 도대체 하루 종일 뭘 하시오? 그대의 헌신적인 애인에게 편지 쓸 시간이 안 날 정도로 중대한 일이란 게 대체 뭐란 말이오?

당신이 그에게 약속했던 그 다정하고 변함없는 애정의 숨통을 끊어버리고 옆으로 밀쳐버린 그 사랑은 어떤 사랑이요?

그 놀라운 사람, 그 새로운 애인은 어떤 사람이기에 당신의 매 순간 순간을 빼앗고 당신의 매일 매일을 지배하며 남편은 거들떠보지도 않게 만드는 거요?

조세핀, 조심하오! 어떤 날 밤, 갑자기 문이 벌컥 열리고 내가 거기 서 있을 테니.

내 사랑, 그대에게 아무 소식도 듣지 못하니 정말이지 죽을 맛이요.

나폴레옹(1769-1821) : 나폴레옹 1세. 프랑스의 황제
조세핀(1768-1814) : 나폴레옹 1세의 황후. 후에 1809년에 이혼함

detest 혐오하다, 싫어하다 | naughty 못된, 나쁜 | gawky 얼빠진, 멍청한 | dash off 급히 쓰다, 대충 쓰다
casually 성의 없이, 대강 | so A as to B B할만큼 A하게 | stifle 숨막히게 하다, 질식시키다
put to one side 옆으로 치우다, 버리다 | constant 계속적인, 변함없는 | absorb 흡수하다, 빨아들이다
tyrannize 압제하다, 군림하다 | uneasy 불안한, 염려되는

write me quickly four pages, pages full of agreeable things which shall fill my heart with the pleasantest feelings.

I hope before long to crush you in my arms and cover you with a million kisses burning as though beneath the equator.

Bonaparte

나한테 네 장쯤 편지를 써주오. 반가운 말로 가득 차서 내 마음을 기쁨으로 가득 채워줄 그런 편지를.

오래지 않아 당신을 내 품안에 으스러지도록 껴안고 적도의 태양 아래 타오르듯 불타는 키스를 백만 번이나 당신에게 퍼부을 수 있기를 바라오.

보나파르트

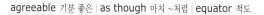

agreeable 기분 좋은 | as though 마치 ~처럼 | equator 적도

50 Napoleon Bonaparte to Josephine(2)

Milan, November 27th, 1796,

three o'clock afternoon,

I arrive at Milan, I rush to your apartment, I have left everything to see you, to press you in my arms.... You were not there: you run from town to town after the fêtes; you leave as I am about to arrive;

you do not concern yourself about your dear Napoleon any more.

It was a caprice that caused you to love him; inconstancy makes him indifferent to you.

Accustomed to dangers, I know the remedy for the ennuis and evils of life. The ill-fortune I experience is beyond reckoning; I should have been exempt.

I shall be here until the evening of the 9th. Do not put yourself out ; run the round of pleasures; happiness is made for you. The whole world is too happy if it can please you, and your husband alone is very, very unhappy.

Bonaparte

나폴레옹 보나파르트가 조세핀에게(2)

1796년 11월 27일 오후 3시, 밀라노

밀라노에 도착해서 당신 아파트로 달려갔소. 당신을 만나기 위해, 당신을 품에 안기 위해 모든 것을 제쳐두고 갔소.... 당신은 거기 없더군.

당신은 축제가 열리는 곳을 찾아 이 마을 저 마을 쫓아다니느라고 내가 도착할 무렵에 막 떠난 거요. **이제 당신의 나폴레옹에게는 더 이상 관심이 없는 것 같소.**

그를 사랑하게 된 건 당신의 변덕스러움 때문이었소.

그러나 그 변덕스러움이 그를 당신에게 냉담하게 만들고 있소. 위험한 상황들에 익숙해 있는 나는 인생의 권태로움과 불행에 대한 치료법을 잘 알고 있소.

내가 겪고 있는 이 불운은 전혀 예상치 못했던 일이요.

내가 이런 일을 당할 이유가 없소.

나는 9일 저녁때까지 여기 머무를 거요. 무리해서 올 필요는 없소.

마음껏 즐겨요. 행복은 당신을 위해 존재하니까. 세상이 당신을 기쁘게 할 수 있다면 온 세상이 너무나 행복해 할거요. 그리고 당신 남편만 홀로 아주, 아주 불행하오.

보나파르트

---

rush to ~에게 달려가다 | fête (불어) 잔치, 향연, 축제 | concern oneself about 걱정하다, 관심을 갖다
caprice 변덕 | inconstancy 변덕, 변하기 쉬움 | indifferent 무관심한, 냉담한 | accustomed to ~에 익숙한
remedy 치료법 | ennui 지루함, 권태 | ill-fortune 불행 | reckoning 셈, 계산, 기대
point put oneself out (남을 위해) 무리를 하다, 일부러 ~하다

51 Napoleon Bonaparte to Josephine(3)

Berlin

November 6th, 1806, 9 o'clock in the evening.

I have received your letter in which you show yourself vexed at certain hard things I say about women; it is true that beyond all I hate intriguing women.

I am accustomed to good, sweet and conciliatory women; they are the ones I love. If they have spoiled me, it is not my fault; but yours. Besides, you will see that I have been very good to one woman who showed herself sensible and good, Madame d'Hatzfeld.

When I showed her the letter of her husband, she said to me, sobbing with profound emotion and ingenuously, "Ah, that is indeed his writing!"

When she read it, her tone went to my soul; she made me suffer. I said to her:

"Ah! well, Madame, throw that letter into the fire; I shall never now be able to order your husband to be punished !"

She burned the letter and seemed to me very happy.

나폴레옹 보나파르트가 조세핀에게(3)

베를린, 1806년 11월 6일 밤 9시.

당신의 편지를 받아보았는데 내가 여자들에 대해 쓴 어떤 구절들 때문에 화가 나 있는 모양이구려. 내가 정숙치 못한 여인을 그 무엇보다 혐오하는 것은 사실이오.

나는 착하고 다정하고 부드러운 여인들에 익숙해 있고 그런 여자들을 사랑하오.

그들이 내 취향을 그렇게 만들었다면 그건 내 잘못이 아니오.

바로 당신 잘못이오. 게다가 내가 지각 있고 현숙한 해츠펠드 부인이라는 한 여인에게 매우 잘 대해 주었다는 것을 당신도 알게 될 거요.

그녀에게 남편의 편지를 보여주자 그녀는 깊이 감동하여 가식 없는 모습으로 흐느끼면서 나에게 이렇게 말했소. "아, 정말 그이가 쓴 거로군요!" 편지를 읽는 그녀의 목소리는 내 영혼을 흔들고 날 고통스럽게 했소.

난 그녀에게 "오, 부인, 그 편지를 불 속에 던져버리십시오. 이제 다시는 부인 남편을 처벌하라는 명령을 내릴 수 없을 것 같군요."

그녀는 편지를 태웠고 아주 행복해 보였소.

---

vexed at ~을 분하게 여기는, ~에 화내는 | beyond all 무엇보다도 | intriguing 불의한, 호기심을 자극하는
be accustomed to~에 익숙한 | conciliatory 달래는(듯한), 화합하는
sob 흐느끼다, 울다 | profound 심오한, 깊은 | ingenuously 진솔하게, 꾸밈없이
point spoil 망치다, 버릇없게 만들다, 응석받이로 만들다

Her husband is now freed of anxiety.

Had the above meeting occurred two hours later it would have been too late.

You see that I love good, ingenuous, and sweet women; but it is because they resemble you.

Adieu, my love; I am well.

Napoleon

그 남편은 이제 불안에서 해방된 거요.

만약 위에 말한 만남이 두 시간만 늦게 있었더라도 너무 늦을 뻔하였소.

내가 현숙하고 진솔하고 다정한 여인들을 좋아한다는 것을
당신도 이제 알겠죠. 그러나 내가 그들을 좋아하는 이유는 그들이
당신을 닮았기 때문이오.

안녕, 사랑하는 이여. 나는 잘 있소.

나폴레옹

be freed of ~에서 면제되다, ~에서 자유로워지다 | ingenuous 성실한, 진솔한

52 Napoleon Bonaparte to Josephine(4)

Compiégne, April 21, 1810.

My love, I have received your letter of April 19 — it is in a bad style. I am always the same; persons like me never change.

I do not know what Eugène has told you.

I had not written you because you had not written and because I wished only what should be agreeable to you.

I note with pleasure that you are going to Malmaison and that You are content. I shall be happy to receive news of you, and to give you news of myself.

I say no more till you have compared this letter with yours; after that, I shall leave you to judge which is the better or the greater friend, you or I.

Adieu, my love; keep well and be just to yourself and to me.

Napoleon

나폴레옹 보나파르트가 조세핀에게(4)

1810년 4월 21일 콩피엔느

사랑하는 이여, 당신이 4월 19일에 쓴 편지를 받았소.

편지는 별로 좋은 어조가 아니었소. 나는 항상 똑같소. **나 같은 사람은 절대 변하지 않는 법이오.**

유젠느가 당신에게 뭐라고 말했는지 모르지만 당신에게 편지를 안 쓴 것은 당신이 나에게 편지를 쓰지 않았고 당신에게 기분 좋은 일만 있기를 바랐기 때문이었소.

당신이 마르메종으로 가기로 했고 만족해한다니 나도 기쁘오.

당신에 대한 소식을 듣고 또 나 자신에 관한 소식도 당신에게 알려줄 수 있다면 좋겠소. 당신이 이 편지를 당신 편지와 비교해 볼 때까지는 더 이상 쓰지 않겠소.

그 후에 당신과 나, 둘 중에 누가 더 나은지, 누가 더 훌륭한 친구인지 판단해 보도록 하시오.

잘 있어요, 사랑하는 이여.

잘 지내고 당신 자신에게 또 나에게 올바른 평가를 내리도록 하오.

나폴레옹

---

style 어조, 표현법 | agreeable 기분 좋은, 유쾌한 | with pleasure 기쁘게 | content 만족한
compare A with B A를 B와 비교하다
point be just to ~에 공평하게 대하다, ~을 올바르게 판단하다

53 Napoleon Bonaparte to Countess Walewska

There are moments in life when high position is a heavy burden.

That is borne in on me at this moment....

If only you would! None but you can overcome the obstacles which separate us.

My friend Duroc will do what he can to make it easy for you.

Oh, come, come! All your wishes shall be fulfilled! Your country will even be dearer to me, if you have compassion on my heart.

N.

나폴레옹 보나파르트가
와레프스카 백작부인에게

인생에는 높은 지위가 도리어 무거운 짐이 되는 순간들이 있소.
나에게 지금 이 순간 바로 그런 확신이 드오....
당신이 그럴 수만 있다면! 오직 당신만이 우리를 갈라놓는 장애물을 극복할 수 있소.
나의 친구 듀록이 할 수 있는 한 당신의 편의를 보아줄 것이오.
오, 어서 오시오! 당신의 모든 소망이 이루어질 것이오!
만일 당신이 내 마음을 측은히 여겨 준다면
당신의 조국도 나에게 더욱 소중해질 것이오.

N.

듀록 : 프랑스 장군 (Geraud Christophe Mechel Duroc)

countess 백작부인 | if only 다만 ~이라면, 단지 ~만 하면 | none but 오직 ~만 | overcome 극복하다
obstacle 장애물 | fulfill 이루다, 실행하다
have compassion on ~을 불쌍히 여기다, ~을 측은히 여기다
point It is borne in upon(on) me that~ 나는 ~라고 확신한다

54 Josephine to Napoleon Bonaparte

Navarre, April 1810.

A thousand, thousand tender thanks for not having forgotten me. My son has just brought me your letter.

With what ardor I read it and yet it has taken a deal of time, because there is not a word which has not made me weep; but those tears were very sweet!

I have recovered my heart entirely, and such as it will always be; there are feelings which are life itself, and which may not end but with life.

I am in despair that my letter of the 19th should have displeased you; I do not entirely recall the wording; but I know what very painful feeling had dictated it, it was grief at not having a word from you.

I wrote you on leaving Malmaison; and how many times thereafter did I wish to write!

But I felt the reasons for your silence, and I feared to seem importunate, by writing. Your letter has been a balm to me.

조세핀이 나폴레옹 보나파르트에게

1810년 4월 나바르

나를 잊지 않고 있어 주신 것에 대하여 천 번, 만 번 깊은 감사를 드려요.

아들애가 방금 당신의 편지를 갖다 주었어요. 내가 얼마만큼 열렬한 마음으로 편지를 읽었는지요.

읽는 데 상당한 시간이 걸렸는데 왜냐하면 한 단어 한 단어 읽을 때마다 눈물이 앞을 가렸기 때문이에요. 하지만 그 눈물이 얼마나 달콤했는지요!

나의 마음은 완전히 상처에서 회복되었고 앞으로도 언제나 그럴 겁니다.

인생 그 자체인 감정들이 있고 그런 감정들은 죽을 때까지 사라지지 않아요.

19일에 쓴 제 편지가 당신을 불쾌하게 했으리란 걸 생각하면 절망스러운 마음입니다.

정확히 뭐라고 썼었는지 완전히 기억나지는 않지만 그렇게 쓸 수밖에 없도록 나를 이끌었던 쓰라린 감정들은 생각납니다.

그것은 당신에게서 아무 소식도 듣지 못한 데 따른 고통스러움 이었지요.

저는 마르메종을 떠나면서 당신에게 편지를 썼었죠.

그리고 그 후에 몇 번이나 편지를 쓰고 싶었는지요! 하지만 당신이 침묵하고 있는 이유가 뭔지 느껴졌고 편지를 씀으로 해서 당신을 귀찮게 하는 여자로 보이기 싫었어요. 당신의 편지는 제게 큰 위안을 주었습니다.

---

ardor 열의, 열정 | a deal of 상당한, 꽤 많은 | in despair 절망하여, 자포자기하여
displease 불쾌하게 하다, 화나게 하다 | wording 용어, 표현, 어법 | dictate 구술하다, 받아쓰게 하다
importunate 끈질긴, 귀찮게 졸라대는 | balm 위안물, 진통제
point have a word from ~에게서 소식을 듣다, ~로부터 편지를 받다

Be happy; be as happy as you deserve; it is my whole heart that speaks. You have given me my share, too, of happiness, and a share very keenly felt; nothing else can have for me the value of a token of remembrance.

Adieu, my friend; I thank you as tenderly as I shall love you always.

Josephine

행복하세요, 당신이 누릴 수 있을 만큼 마음껏 행복하세요. 저의 온 마음으로 말씀드리는 거예요.

당신은 내 몫의 행복도 주셨답니다. 그것도 아주 뼛속 깊이 느껴지는 행복을요. 기억되고 있다는 증표처럼 저에게 값진 것은 없답니다.

친구여, 잘 있어요. 당신에 대한 한결같이 부드러운 사랑의 마음으로 당신에게 감사드려요.

조세핀

keenly 날카롭게, 격심하게 | token 증거, 증표 | remembrance 기억, 회상

55 Napoleon Bonaparte to Marie Louise

March 23, 1814

Mon amie, I have been in the saddle all the last few days. On the 20th I took Arcis-sur-Aube.

The enemy attacked me there at 6 o'clock in the evening; I beat him the same day, killing 400(o).

I took 2 of his guns, he took 2 of mine, which leaves us quits.

On the 21st, the enemy army formed up in battle array for the purpose of covering the advance of his convoys towards Brienne and Bar-sur-Aube.

I decided to make for the Marne and his line of communications, in order to push him back farther from Paris and draw nearer to his fortress. I shall be at Saint-Dizier this afternoon.

Adieu, mon amie. A kiss to my son.

Nap

나폴레옹 보나파르트가
마리 루이즈에게

1814년 3월 23일

친구여, 지난 며칠 간 나는 줄곧 말을 타고 지냈소. 20일에는 오베의 아르시스를 점령했소. 적은 그곳에서 저녁 6시경에 날 공격했지만 나는 그날로 그를 물리쳤고 400(0)명의 적군을 쓰러뜨렸소.

나는 적의 총 2자루를 빼앗았고 적은 내 총 2자루를 빼앗았으니 결국은 무승부가 된 셈이요.

21일날 적군은 브리엔느와 오베의 바르로 진격하는 호위대를 엄호하려고 전투대형을 이루었소.

나는 적을 파리로부터 멀리 밀어내고 적의 요새 가까이로 퇴각시키기 위해 마르네와 적의 수송로를 습격하기로 결심했소. 오늘 오후에는 생 디지에에 도착하게 될 거요.

잘 지내시오, 친구여. 나의 아들에게 대신 입맞춰 주시오.

Nap

---

mon amie (불어) 나의 친구 | in the saddle 말을 타고 | in battle array 전투대형을 이루어
for the purpose of ~을 목적으로 | cover 엄호하다 | advance 전진, 진격 | convoy 호위대, 호송
make for ~을 향해 나아가다, ~을 습격하다 | communication 수송, 연락 | fortress 요새, 거점
point quits 비긴, 피장파장인

56 Ludwig van Beethoven to the "Immortal Beloved"(1)

Evening, Monday, July 6

You are suffering, my dearest creature — only now have I learned that letters must be posted very early in the morning.

Mondays, Thursdays — the only days on which the mail coach goes from here to K. You are suffering — Ah! wherever I am there you are also. I shall arrange affairs between us so that I shall live and live with you, what a life!!!! thus!!!! thus without you — pursued by the goodness of mankind hither and thither — which I as little try to deserve as I deserve it.

Humility of man toward man — it pains me — and when I consider myself in connection with the universe, what am I and what is he whom we call the greatest — and yet — herein lies the divine in man. I weep when I reflect that you will probably not receive the first intelligence from me until Saturday — much as you love me, I love you more — but do not ever conceal your thoughts from me — good night — as I am taking the baths I must go to bed. Oh, God! so near so far! Is our love not truly a celestial edifice — firm as Heaven's vault.

루드빅 반 베토벤이 "불멸의 연인"에게(1)

7월 6일 월요일 저녁

당신은 괴로워하고 있군요, 나의 가장 사랑하는 이여. 지금에서야 아침 일찍 편지를 부쳐야 한다는 사실을 알게 되었습니다. 우편물 마차가 월요일과 목요일에만 여기에서 K로 갑니다.

당신은 괴로워하고 있습니다,

아! 내가 어디에 있든지 당신도 그곳에 함께 있는 겁니다.

내가 우리 사이의 일들을 잘 처리해서 당신과 함께 살 수 있도록 하겠습니다.

얼마나 멋진 인생이 될까요!!!! 그렇다면!!!! 당신이 없다면 — 이곳 저곳에서 인류의 행복이 추구하는 것은 — 난 그 행복을 얻을 자격이 없으니 얻으려는 노력도 거의 안 합니다. 인간에 대한 인간의 비천함이란 — 그것이 나를 고통스럽게 합니다 — 그리고 나 자신을 우주와 연관지어 생각해 볼 때 나는 무엇이고 우리가 위대하다고 칭하는 사람은 무엇입니까. 그래도 인간의 존엄성은 여기에 있는 것입니다.

당신이 아마도 저의 첫 편지를 토요일까지 받지 못하리라는 생각을 하면 너무 가슴이 아픕니다. 당신이 나를 사랑하는 것 이상으로 나는 당신을 사랑합니다. 당신의 생각을 절대 나에게 숨기지 마십시오.

잘 자요, 나는 목욕을 하고 잠자리에 들 것입니다.

오, 신이시여! 이토록 가까운데 이토록 멀다니! 우리의 사랑은 진정 아무도 무너뜨릴 수 없는 하늘 위의 집처럼 견고하지 않습니까.

베토벤(1770-1827) : 독일의 작곡가. 고전파 음악의 완성자이자 낭만파 음악의 창시자

mail coach 우편물 마차 | hither and thither 여기저기에, 사방팔방으로 | humility 겸손함, 비하함
in connection with ~와 관련하여 | herein 여기에, 이 안에 | divine 신성한, 성스러운
intelligence 정보, 소식 | celestial 하늘의, 천국의 | edifice 건축물 | vault (둥근 천장이 있는) 방, 금고실

57 Ludwig van Beethoven to the "Immortal Beloved"(2)

Good morning, on July 7

Though still in bed my thoughts go out to you, my Immortal Beloved, now and then joyfully, then sadly, waiting to learn whether or not fate will hear us.

I can live only wholly with you or not at all — yes, I am resolved to wander so long away from you until I can fly to your arms and say that I am really at home, send my soul enwrapped in you into the land of spirits.

— Yes, unhappily it must be so — you will be the more resolved since you know my fidelity — to you, no one can ever again possess my heart — none — never — Oh, God! why is it necessary to part from one whom one so loves and yet my life in W. (Vienna) is now a wretched life — your love makes me at once the happiest and the unhappiest of men — at my age, I need a steady, quiet life — can that be under our conditions?

My angel, I have just been told that the mail coach goes every day — and I must close at once so that you may receive the L. at once.

루드빅 반 베토벤이
"불멸의 연인"에게(2)

7월 7일 좋은 아침에.

아직 침대에 누워 있지만 내 생각은 당신에게로 달려갑니다.

나의 영원불멸의 연인이여, 과연 운명의 신이 우리의 소망을 들어주는지 어떤 때는 즐거운 마음으로 어떤 때는 슬픈 마음으로 기다려봅니다.

당신과 함께라야만 나는 온전히 살 수 있습니다. 그렇지 않고는 절대 살 수 없습니다.

그렇습니다. 당신의 품속으로 날아가 진정 안식처를 찾았노라고 말할 수 있을 때까지, 당신 품에 안긴 내 영혼을 영혼의 땅으로 보낼 수 있을 때까지 저는 당신에게서 멀리 떨어져 방황하렵니다.

그렇습니다. 불행하게도 그럴 수밖에 없습니다. 당신에 대한 나의 충실함을 아시니 당신은 더욱 굳게 결심할 것입니다. 누구도 다시는 내 마음을 가질 수 없을 것입니다.

그 누구도, 절대로 말입니다.

오, 신이시여! 왜 그토록 사랑하는 사람과 헤어져 있어야 합니까, W(비엔나)에서의 내 생활은 지금 비참합니다. **당신의 사랑은 나를 가장 행복한 사람인 동시에 가장 불행한 사람으로 만들고 있습니다.**

내 나이에는 안정되고 조용한 생활이 필요한 것인데 우리 상황에서 그것이 가능한 일이겠습니까?

나의 천사여, 우편물 마차가 매일 떠난다는 것을 방금 전해들었습니다.

당신이 곧 편지를 받을 수 있게 나도 이제 그만 써야 되겠습니다.

---

now and then 때때로 | wholly 전적으로, 완전히 | be resolved to ~하기로 결심하다
wander 헤매다, 방황하다 | enwrap 싸다, 두르다 | fidelity 성실, 충실, 정절 | part 헤어지다, 나뉘다
wretched 비참한, 불행한 | at once 동시에 | steady 안정된, 일관된 | L. 편지(=letter)

Be calm, only by a calm consideration of our existence can we achieve our purpose to live together — be calm — love me — today — yesterday — what tearful longings for you — you — you — my life — my all — fare — well — Oh continue to love me — never misjudge the most faithful heart of your beloved L.

ever thine

ever mine

ever for each other

마음을 가라앉히세요. 우리의 처지를 침착하게 생각해봄으로서만 함께 지내려는 우리의 목적을 달성할 수 있습니다.

침착해요 — 나를 사랑해 주십시오 — 오늘 — 어제 — 당신을 얼마나 눈물로 그리워했는지 — 당신은 나의 인생 — 나의 모든 것 — 잘 있어요 — 나를 계속 사랑해주십시오 — 당신을 사랑하는 L의 진정한 마음을 절대 오해하지 말아주십시오.

(이 마음은)

영원한 당신의 것

영원한 나의 것

영원한 서로의 것

---

tearful 눈물어린, 슬픈 | longing 소망, 희망 | misjudge 잘못 판단하다, 오해하다

58 Ludwig van Beethoven to His Brothers(1)

For my brothers Carl and (Johann) Beethoven

O ye men, who think or say that I am malevolent, stubborn, or misanthropic, how greatly do ye wrong me, you do not know the secret causes of my seeming, from childhood my heart and mind were disposed to the gentle feeling of good will, I was even ever eager to accomplish great deeds,

but reflect now that for 6 years I have been in a hopeless case, aggravated by senseless physicians, cheated year after year in the hope of improvement, finally compelled to face the prospect of a *lasting malady* (whose cure will take years, or, perhaps, be impossible), born with an ardent and lively temperament, even susceptible to the diversions of society, I was compelled early to isolate myself, to live in loneliness,

when I at times tried to forget all this, O how harshly was I repulsed by the doubly sad experience of my bad hearing, and yet it was impossible for me to say to men speak louder, shout, for I am deaf.

루드빅 반 베토벤이 형제들에게(1)

칼과 (요한) 베토벤, 나의 동생들에게

내가 심술궂고 고집 세고 사람을 싫어한다고 생각한다면 그건 나를 대단히 오해하는 것이다. 내가 그렇게 보이게 된 숨겨진 이유를 모르기 때문이지.

어렸을 때부터 내 마음은 선함과 부드러운 감정을 품고 있었고 위대한 업적을 성취하기를 열망했었다.

하지만 어리석은 의사들 탓에 병은 더욱 악화되고 나을 수 있다는 희망에 해마다 속아오면서 지난 6년간 나는 절망적인 상태에 빠져 있었다.

나 자신은 정열적이고 활기찬 성품을 타고났고 사교 생활을 즐기는 사람이건만 마침내 나의 병이 나을 수 없다는 사실을(치료법이 개발되기까지 수년이 걸릴 수도 있고 영영 불가능할지도 모른다) 하는 수 없이 받아들이고 일치감치 나 자신을 격리시켜 쓸쓸하게 살아야 했던 것이다.

때때로 이 모든 것을 잊고자 했을 때 나의 고장난 청력 때문에 갑절로 슬픈 경험을 하면서 얼마나 쓰라린 좌절을 겪었던지!

그럼에도 나는 귀가 먹었으니 더 크게, 더 세게 외쳐달라고 사람들에게 말할 수가 없었다.

---

ye(古) 너희들 (thou의 복수) | malevolent 악의 있는, 심술궂은 | stubborn 완고한, 고집 센
misanthropic 사람을 싫어하는, 염세적인 | wrong 부당한 취급을 하다, 오해하다 | seeming 겉보기, 외관
be disposed to ~의 경향(기질)이 있다 | aggravate 악화시키다, 괴롭히다 | senseless 무감각한, 지각없는
compel 강요하다 | malady 질병 | cure 치료법 | ardent 불타는, 정열적인 | lively 활기찬
temperament 성질, 성품 | susceptible | 민감한, 영향을 받기 쉬운 | diversion 기분 전환, 오락, 사교
at times 때때로 | harshly 가혹하게, 엄하게 | repulse 물리치다, 거절하다, 좌절시키다

Ah how could I possibly admit an infirmity in the *one sense* which should have been more perfect in me than in others, a sense which I once possessed in highest perfection, a perfection such as few surely in my profession enjoy or ever have enjoyed.

— O, I cannot do it, therefore forgive me when you see me draw back when I would gladly mingle with you, my misfortune is doubly painful because it must lead to my being misunderstood, for me there can be no recreation in society of my fellows, refined intercourse, mutual exchange of thought, only just as little as the greatest needs command may I mix with society.

I must live like an exile, if I approach near to people a hot terror seizes upon me, a fear that I may be subjected to the danger of letting my condition be observed — thus it has been during the last half year which I spent in the country, commanded by my intelligent physician to spare my hearing as much as possible,

다른 사람들보다 더 완벽해야 할 나의 "그 감각"에 결함이 있다는
것을 내가 어찌 받아들일 수 있었겠느냐. 한때는 최고로 완벽한
수준이어서 나와 같은 직업을 가진 사람들 중에서도 거의,
아니 어쩌면 아무도 따라올 수 없을 정도의 청각이었는데.

오, 나는 그럴 수 없으니, 너희들과 즐겁게 어울릴만한 상황에서도 움츠러드는 나를
본다 해도 날 용서해다오.

나의 불행은 필시 나에 대한 오해를 불러일으킬 터이니 두 배로 고통스럽구나.

왜냐하면 동료들과의 관계에서 누리는 즐거움도, 세련된 교제도, 상호간의 사상 교환도
있을 수 없고 오직 꼭 필요한 경우에만 최소한도로 사회와 교류할 뿐이니 말이다.

나는 국외자로 살아가야만 한다. 내가 사람들에게 가까이 간다면 나의 처지가 다
드러날지도 모른다는 긴박한 두려움이 나를 온통 사로잡을 것이다.

그래서 작년 반년 동안 현명하신 나의 주치의가 권한대로 나의 청력을 가능한 한 아끼기
위해 시골에서 지냈다.

infirmity 결함, 질환 | draw back 물러나다, 움츠리다 | mingle with ~와 어울리다, ~와 교제하다
refined 세련된, 정련된 | intercourse 교제, 사귐 | exile 유랑자, 망명자, 국외자 | terror 두려움
seize upon 덮치다, 엄습하다 | be subjected to ~일을 겪다, 당하다 | spare 아끼다

in this almost meeting my present natural disposition, although I sometimes ran counter to it, yielding to my inclination for society, but what a humiliation when one stood beside me and heard a flute in the distance and I *heard nothing*, or someone heard *the shepherd singing* and again I heard nothing, such incidents brought me to the verge of despair,

but little more and I would have put an end to my life — only art it was that withheld me, ah it seemed impossible to leave the world until I had produced all that I felt called upon to produce,

and so I endured this wretched existence — truly wretched, and excitable body which a sudden change can throw from the best into the worst state — Patience — it is said I must now choose for my guide, I have done so, I hope my determination will remain firm to endure until it pleases the inexorable Parcae to break the thread, perhaps I shall get better, perhaps not, I am prepared.

그러므로서 현재의 자연스러운 내 성향에 어울리는 생활을 했지만 때때로 그에 반하여 사회로 나아가고 싶은 내 충동에 굴복하기도 했다.

그러나 내 옆에 서 있는 사람은 멀리서 플루트 소리가 들린다고 하는데 나는 아무것도 안 들리고, 또 어떤 사람은 목동의 노랫소리를 듣는데 나는 역시 아무것도 안 들리고, 그런 경우들을 겪으면서 나는 절망으로 떨어지는 절벽 끝으로 내몰리곤 했다.

한발자국만 더 나아갔으면 아마 나는 내 인생에 종지부를 찍었을 것이다. 나를 붙잡아준 것은 오직 예술이었다.

아, 내가 사명을 받고 태어난 모든 작품을 작곡하기 전에는 도저히 이 세상을 떠날 수 없을 것 같았고 그래서 이 비참한 — 정말로 비참한 생활과 갑작스러운 변화로 최상에서 최악으로 곤두박질칠 수 있는 이 민감한 육체를 견뎌온 것이다. —

인내 — 이것이야말로 지금 내가 길잡이로 선택해야 하는 것이라고들 한다. 나는 그렇게 했고 냉혹한 운명의 여신들이 내 생명줄을 끊기까지 이 결심이 단단히 지켜지기를 희망하고 있다. 어쩌면 내 병이 나을 수도 있고, 어쩌면 아닐 수도 있지만 난 어느 쪽이든 준비되어 있다.

disposition 성향 | run counter to ~을 거스르다, ~에 반대되는 행동을 하다 | inclination 기울어짐, 좋아함 | humiliation 모욕, 수치 | to the verge of ~하기 직전까지 | put an end to ~을 끝내다 | withhold 억누르다, 억제하다 | inexorable 냉혹한, 무정한 | thread 실 (여기서는 생명의 실)

point Parcae 운명의 세 여신 (=the Fates) (인간의 생명의 실을 잣는 Clotho, 그 실의 길이를 정하는 Lachesis, 그 실을 끊는 Atropos의 세 사람)

59 Ludwig van Beethoven to His Brothers(2)

...

To you brother Carl I give special thanks for the attachment you have displayed toward me of late. It is my wish that your lives may be better and freer from care than I have had, recommend *virtue* to your children, it alone can give happiness, not money, I speak from experience, it was virtue that upheld me in misery, to it next to my art I owe the fact that I did not end my life by suicide.

Farewell and love each other — I thank all my friends, particularly *Prince Lichnowsky* and *Professor Schmid* — I desire that the instruments from Prince L. be preserved by one of you but let no quarrel result from this,

so soon as they can serve you a better purpose sell them, how glad will I be if I can still be helpful to you in my grave — with joy I hasten toward death — if it comes before I shall have had an opportunity to show all my artistic capacities it will still come too early for me despite my hard fate and I shall probably wish that it had come later

루드빅 반 베토벤이 형제들에게(2)

...

　　최근 나에게 애정을 표현해 준 것에 대해 칼에게 특별히 감사의 마음을 전한다.
너희들은 나보다 더 행복하고 근심 없는 인생을 살기 바란다. **그리고 너희 자녀**
들에게 덕을 쌓으라고 말해주고 싶다. 내 경험에서 말하건대 돈이
아니라 그것만이 행복을 가져다 줄 수 있다.

　　고통 속에서 날 지탱해준 것도 바로 그것이었으며 내가 자살로 인생을 마치지 않은
것은 예술 다음으로는 바로 덕행의 힘 덕분이다.

　　잘 있거라, 그리고 서로 사랑하여라 — 나의 모든 친구들에게, 특별히 리히노프스키
공과 슈미드 교수님께 감사한다 — L 공께 받은 악기들은 너희 중 하나가 보관했으면 한다.

　　하지만 이 일로 다툼이 생기지 않도록 하고 더 나은 목적이 있다면 판매하도록 해라.
무덤 속에서도 너희들을 도울 수 있다면 얼마나 기쁠지 모르겠다.

　　그렇다면 기꺼이 죽음을 재촉할 텐데. 나의 모든 예술적 재능을 나타낼 수 있는 기회를
갖기 전에 죽음이 찾아온다면 나의 모진 운명에도 불구하고 그것은 나에게 너무 이른
죽음이 될 것이고 아마도 나는 죽음이 나중에 닥쳐왔으면 하고 바랄 것이다.

---

attachment 애착, 애정 | display 표시하다, 드러내다 | of late(=lately) | free from ~이 없는, ~로부터 자유로운
virtue 미덕, 선행 | uphold 지탱하다 | owe to ~에 빚지고 있다

— but even then I am satisfied, will it not free me from a state of endless suffering? Come when thou wilt I shall meet thee bravely.

Farewell and do not wholly forget me when I am dead. I deserve this of you in having often in life thought of you, how to make you happy, be so —

Ludwig van Beethoven

Heiligenstadt,
October 6th, 1802

하지만 한편 기분이 좋기도 할 것이다. 죽음이 나를 이 끝없는 고통에서 해방시켜 주지 않겠는가? 오고 싶을 때 오너라, 나는 너를 당당히 맞으마.

잘 지내고 내가 죽더라도 나를 완전히 잊지는 말아다오. 너희를 자주 생각해 왔고 너희들의 행복을 위해 애써 왔던 나이니 그럴 자격이 있다. 행복해라 —

루드빅 반 베토벤

하일리겐슈타트
1802년 10월 6일

60 Michael Faraday to Sarah Barnard

My dear Sarah — It is astonishing how much the state of the body influences the powers of the mind.

I have been thinking all the morning of the very delightful and interesting letter I would send you this evening, and now I am so tired, and yet have so much to do, that my thoughts are quite giddy, and run round your image without any power of themselves to stop and admire it.

I want to say a thousand kind and, believe me, heart-felt things to you, but am not master of words fit for the purpose; and still, as I ponder and think on you, chlorides, trials, oil, Davy, steel, miscellanea, mercury, and fifty other professional fancies swim before and drive me further and further into the quandary of stupidness.

From your affectionate

Michael

마이클 패러데이가 사라 바너드에게

영국 왕립 과학연구소 목요일 저녁
(1820년 12월)

사랑하는 사라. **몸의 상태가 얼마만큼 강력하게 마음의 힘에 영향을 미치는지 정말 놀라울 따름이오.**

오늘 저녁에 당신에게 보낼 아주 유쾌하고 재미있는 편지를 오전 내내 생각하느라고 지금은 너무나 지쳐 있소.

하지만 할 일은 너무 많고 생각은 뒤죽박죽이고 당신 모습은 머릿속을 맴도는데 멈춰서서 그것을 경탄할 힘도 없소. 마음속에서 우러나오는 모든 것들을 당신에게 말하고 싶은데(진심이오) 나는 그런 용도의 말이라면 영 재주가 없는 것 같소.

그리고 당신을 생각하고 있는 지금도 염화 화합물, 실험, 석유, 데이비, 철강, 여러 가지 잡무, 수은, 그 외 일과 관련된 오십 가지나 되는 상념들이 눈앞에서 춤을 추면서 나를 점점 더 어찌 할 바를 알 수 없는 혼란 속으로 몰아가고 있소.

당신을 사랑하는

마이클

패러데이(1791-1867) : 영국의 화학자, 물리학자

Royal Institution 영국 왕립 과학연구소 | giddy 어지러운, 현기증 나는
heartfelt 진심 어린, 진심에서 우러난 | master 대가, 명인 | fit for ~에 적합한 | ponder 숙고하다, 곰곰이 생각하다
chloride 염화 화합물, 염화물 | Davy 영국의 화학자 (Sir Humphry Davy) | miscellanea 잡무 (문학의) 잡문
mercury 수은 | fancy 공상, 상상 | drive A into B A를 B로 몰고 가다 | quandary 당황, 곤경
point stupidness 바보 같음, 어찌 할 바를 모르는 상태

61 Mary Wollstonecraft Godwin to Percy Bysshe Shelley

My own love:

I do not know by what compulsion I am to answer you, but your porter says I must, so I do.

By a miracle I saved your five pounds & I will bring it. I hope, indeed, oh my loved Shelley, we shall indeed be happy.

I meet you at three and bring heaps of Skinner street news. Heaven bless my love and take care of him!

His Own Mary

메리 울스톤크래프트 고드윈이
퍼시 비쉬 셸리에게

사랑하는 그대에게:

어떤 다급한 이유가 있기에 당신에게 답장을 써야 하는지는 모르겠지만 당신의 심부름꾼이 반드시 써야만 한다고 하니까 답장을 씁니다.

제가 기적적으로 당신의 5파운드를 남겼으니 그걸 가지고 가겠어요.

오, 사랑하는 셸리, 저는 정말로 우리가 행복해지기를 바란답니다.

세 시에 만날 때 스키너가의 가판 신문을 잔뜩 가져가겠어요. 하늘이 내 사랑 그대를 축복해주시고 보살펴주시기를!

그대의 메리

메리 울스톤크래프트 고드윈(1797-1851) : 영국의 작가. 여성의 교육적, 사회적 평등을 주장함. 셸리의 두 번째 부인.

셸리(1792-1822) : 영국의 시인. 바이런, 키이츠와 함께 영국 낭만주의 3대 시인.

by compulsion 강제로, 억지로 | **porter** 짐꾼, 운반인 | **by a miracle** 기적적으로 | **pound** 파운드(영국 화폐의 단위)
heap 더미, 무더기

62 Percy Bysshe Shelley to Mary Wollstonecraft Godwin

Bagni di Lucca,
Sunday morning, 23rd Aug., 1818.

My dearest Mary,

We arrived here last night at twelve o'clock, and it is now before breakfast the next morning. I can of course tell you nothing of the future, and though I shall not close this letter till post-time, yet I do not know exactly when that is.

Yet, if you are still very impatient, look along the letter, and you will see another date, when I may have something to relate.... Well, but the time presses. I am now going to the banker's to send you money for the journey, which I shall address to you at Florence, Post Office.

Pray come instantly to Este, where I shall be waiting in the utmost anxiety for your arrival.

You can pack up directly you get this letter, and employ the next day on that ... I have been obliged to decide on all these questions without you.

퍼시 비쉬 셸리가 메리
울스톤크래프트 고드윈에게

바그니 디 루카
1818년 8월 23일 일요일 아침

나의 사랑하는 메리,

우리는 어젯밤 열 두 시에 이곳에 도착했고 지금은 그 다음날 아침식사 전이라오. 물론 당신에게 미래에 대한 아무런 말도 할 수 없지만 난 이 편지를 우편물 마감 시간(정확히 언제인지는 모르지만)까지 붙들고 있을 것이오. 그래도 여전히 조바심이 난다면 편지를 쭉 훑어보도록 하오. 그러면 내가 뭔가 할말이 있을 때 쓴 또 다른 날짜를 발견할 수 있을 것이오....

하지만 시간이 촉박하오. 이제 은행에 가서 당신에게 여행경비를 보낼 참이오. 플로렌스의 우체국에 당신 앞으로 전송하겠소.

제발 어서 빨리 에스테로 와주오. 난 거기서 당신이 도착하기를 목이 빠지도록 기다리고 있을 거요.

이 편지를 받는 대로 짐을 싸도록 해요. 다음날은 그 일에 쓰도록 하고... 이 모든 문제들을 당신 없이 나 혼자 결정해야만 했소.

---

post-time 우편 발송 시간 | relate 말하다 | time presses 시간이 별로 없다, 촉박하다
pray (문장 앞에서) 제발, 바라건대 | instantly 즉시 | utmost 극도의 | pack up 짐을 꾸리다
employ (시간을) 사용하다, 쓰다
point address to (편지, 소포 등을) ~앞으로 전송하다, ~에게 보내다

I have done for the best — and, my own beloved Mary, you must soon come and scold me, if I have done wrong, and kiss me, if I have done right,

for I am sure I don't know which — and it is only the event that can show.

We shall at least be saved the trouble of introductions, and have formed acquaintances with a lady who is so good, so beautiful, so angelically mild, that were she as wise too she would be quite a —.

Her eyes are like a reflection of yours. Her manners are like yours when you know and like a person.

Do you know, dearest, how this letter was written? By scrap and patches and interrupted every minute. The gondola is now coming to take me to the banker's.

Este is a little place and the house found without difficulty, I shall count four days for this letter, one day for packing, four for coming here — and the ninth or tenth day we shall meet.

나는 하느라고 열심히 했는데, **나의 사랑하는 메리, 만약 내가 잘못했다 면 어서 와서 날 꾸짖어주고 만일 잘했다면 나에게 키스해주오.**
나는 어느 쪽인지 도통 알 수가 없소. 그리고 그것만이 내가 알 수 있는 방법이라오.
우린 적어도 번거롭게 소개하는 수고를 덜 수가 있소.
그리고 우린 너무나 선량하고 아름답고 천사처럼 온화하여 만일 현명하기조차 했더라면 과히 — 라고 할 수 있을만한 부인을 알게 되었소.
그녀의 눈은 그대의 눈과 너무나 닮아 있소. 그녀의 행동은 당신이 어떤 사람을 알게 되고 그 사람을 좋아할 때의 태도와 너무 흡사하오.
이 편지가 어떻게 쓰여진지 아오? 조각조각 나뉜 누비이불처럼 매 순간마다 방해를 받아가며 쓴 거라오. 나를 은행에 데려다줄 곤돌라가 지금 오고 있소.
에스테는 작은 마을이고 집은 어렵지 않게 구할 수 있소. 이 편지가 도착하는데 나흘이 걸릴 테고 짐 싸는데 하루, 여기 오는데 또 나흘이 걸릴 것으로 예상하고 있으니 9일째나 10일째 우린 만나게 될 거요.

---

angelically 천사처럼 | reflection 아주 닮은 것, 반사, 비친 모습 | scrap 조각, 파편 | patch 헝겊 조각, 단편, 일부
gondola 곤돌라(베니스 특유의 나룻배)
point form acquaintance with ~와 알게 되다, ~와 사귀다

I am too late for the post, but I send an express to overtake it. Enclosed is an order for fifty pounds. If you knew all that I have to do!

Dearest love, be well, be happy, come to me. Confide in your own constant and affectionate.

P.B.S.

Kiss the blue-eyed darlings for me, and do not let William forget me. Clara cannot recollect me.

편지 마감 시간에 너무 늦었지만 그걸 벌충하기 위해서 속달로 보내겠소. 50파운드 우편환을 동봉하오. 내가 해야 할 모든 일들을 당신이 안다면!

사랑하는 그대여, 무사히, 행복하게 내게로 와주오. 당신을 변함없이 사랑하는 나를 믿어주오.

P.B.S.

나 대신 파란 눈의 귀염둥이들에게 뽀뽀해주고 윌리엄이 나를 잊지 않도록 해주오. 클라라는 날 기억 못할 거요.

---

overtake 따라잡다 ǀ enclose 동봉하다, 같이 넣다 ǀ order 우편환, 어음 ǀ confide in ~를 신뢰하다
recollect 기억하다, 생각해내다 ǀ William 메리가 낳은 셸리의 아들 ǀ Clara 클레어몬트가 낳은 바이런의 딸

63 Percy Bysshe Shelley to John Keats

Pisa, 27 July, 1820.

My dear Keats,

I hear with great pain the dangerous accident you have undergone, and Mr. Gisborne, who gives me the account of it, adds that you continue to wear a consumptive appearance.

This consumption is particularly fond of people who write such good verses as you have done, and with the assistance of an English winter it can often indulge its selection.

I do not think that young and amiable poets are bound to gratify its taste; they have entered into no bond with the Muses to that effect.

But seriously (for I am joking on what I am very anxious about) I think you would do well to pass the winter after so tremendous an accident, in Italy, and if you think it as necessary as I do, so long as you continue to find Pisa or its neighbourhood agreeable to you, Mrs. Shelley unites with myself in urging the request, that you would take up your residence with us.

퍼시 비쉬 셸리가 존 키이츠에게

1820년 7월 22일 피사

친애하는 키이츠 씨,

당신이 겪은 위험에 대한 소식을 괴로운 마음으로 들었습니다.

그리고 나에게 그 이야기를 전해준 기스본 씨에 따르면 당신은 여전히 폐병으로 기진한 모습이라고 하더군요.

그 폐병이란 놈은 당신처럼 훌륭한 시를 쓰는 사람들을 특히 더 좋아하는 모양입니다.

그리고 영국 겨울 날씨의 도움을 받아 종종 자기가 선택한 사람들을 마음대로 다룰 수가 있습니다.

나는 사랑받는 젊은 시인들이 그 놈의 식욕을 만족시켜야 하는 무슨 의무가 있다고는 생각하지 않습니다. 그들이 뮤즈의 여신들과 그런 취지로 계약을 맺은 적은 없지 않습니까.

하지만 진지하게 말하건대(매우 염려하는 문제를 두고 제가 지금 농담을 하고 있으니까요) 그렇게 엄청난 일을 당한 후이니 겨울은 이탈리아에서 지내는 편이 좋을 거라고 생각합니다.

그리고 내가 생각하는 만큼 당신도 그렇게 하는 것이 좋겠다고 생각한다면, 또 피사와 그 주변지역이 계속 마음에 든다면, 우리와 함께 지낼 것을 아내와 함께 간곡히 권하는 바입니다.

키이츠(1791-1821) : 영국의 낭만파 시인.

undergo 겪다, 경험하다 | give an account of ~을 설명하다, ~ 이야기하다 | consumptive 폐병의, 소진한
consumption 폐병 | verse 시구, 운문 | indulge 마음대로 하다 | amiable 상냥한, 온화한, 사랑스러운
bound to ~할 의무가 있는, 꼭 ~하게 되어 있는 | gratify 만족시키다, 기쁘게 하다
enter into a bond with ~와 계약을 맺다 | the Muses 학예, 시가, 음악, 무용을 관장하는 아홉 여신들
to that effect 그러한 취지로 | tremendous 엄청난, 큰 | unite with ~와 하나가 되다, ~와 일치하다

You might come by sea to Leghorn (France is not worth seeing, and the sea is particularly good for weak lungs), which is within a few miles of us.

You ought, at all events, to see Italy, and your health, which I suggest as a motive, might be an excuse to you.

I spare declamation about the statues, and the paintings, and the ruins, and what is a greater piece of forbearance, about the mountains streams and fields, the colours of the sky, and the sky itself. I have lately read your "Endymion" again and even with a new sense of the treasures of poetry it contains, though treasures poured forth with indistinct profusion.

This, people in general will not endure, and that is the cause of the comparatively few copies which have been sold.

I feel persuaded that you are capable of the greatest things, so you but will....

In poetry I have sought to avoid system and mannerism; I wish those who excel me in genius would pursue the same plan.

저희 집에서 몇 마일밖에 떨어져 있지 않은 레그혼까지 배를 타고 올 수 있습니다 (프랑스는 별로 볼만한 게 없지요. 그리고 바다는 약해진 폐에 특히 좋답니다).

어떤 경우에도 이탈리아는 꼭 둘러봐야 하며 제가 권한대로 당신의 건강이 좋은 핑계 거리가 되겠지요.

동상이나, 그림, 유적지, 인내의 결과인 위대한 작품, 또 산과 들과 시내, 하늘의 색깔, 그 하늘 자체 등에 대하여 길게 설명을 늘어놓지는 않겠습니다.

나는 최근 당신의 작품 "엔디미온"을 다시 읽으면서 그것이 가지고 있는 시의 정수, 뚜렷하진 않지만 풍부하게 넘쳐 흐르는 시의 정신을 느낄 수 있었습니다.

하지만 사람들은 일반적으로 그런 것을 받아들이지 못하며 상대적으로 적은 부수가 팔린 이유도 거기에 있다고 하겠습니다. 저는 당신이 위대한 작품을 창조할 수 있다고 확신하며 당신은 꼭 그럴 것입니다.

…

시를 지음에 있어서 나는 어떤 틀에 얽매이거나 타성에 빠지지 않으려고 노력해 왔습니다. 재능에 있어서 나를 능가하는 사람들도 나와 같은 길을 가기를 바랍니다.

at all events 어떤 경우에도, 반드시 | declamation 열변, 장광설 | ruin 유적지, 옛터 | forbearance 인내, 자제 | pour forth 넘쳐흐르다 | indistinct 희미한, 뚜렷하지 않은 | profusion 풍부, 대량 | in general 일반적으로, 보통 comparatively 상대적으로 | mannerism 타성, 틀에 박힘 | excel 능가하다, 뛰어넘다
point take up one's residence with ~에 주거를 정하다

Whether you remain in England, or journey to Italy, believe that you carry with you my anxious wishes for your health, happiness and success, wherever you are, or whatever you undertake, and that I am,

Yours Sincerely,

P. B. Shelley

당신이 영국에 남아 있든지, 이탈리아로의 여행길에 오르든지,
   내가 항상 당신의 건강과 행복과 성공을 기원하고 있다는 것을 믿어주십시오.
   당신이 어디에 있든지 혹은 당신이 무엇을 하든지 나는 당신의 충실한 친구
입니다.
      당신의 친구

P.B. 셸리

64 John Keats to Percy Bysshe Shelley(1)

Hampstead, August, 1820.

My dear Shelley,

I am very much gratified that you, in a foreign country, and with a mind almost over-occupied, should write to me in the strain of the letter beside me.

If I do not take advantage of your invitation, it will be prevented by a circumstance I have very much to heart to prophesy. There is no doubt that an English winter would put an end to me, and do so in a lingering, hateful manner.

Therefore, I must either voyage or journey to Italy, as a soldier marches up to a battery.

My nerves at present are the worst part of me, yet they feel soothed that, come what extreme may, I shall not be destined to remain in one spot long enough to take a hatred of any four particular bedposts.

I am glad you take any pleasure in my poor poem, which I would willingly take the trouble to unwrite, if possible, did I care so much as I have done about reputation.

존 키이츠가 퍼시 비쉬 셸리에게(1)

1820년 8월 햄스테드

친애하는 셸리 씨,

외국에 계시면서 다른 데 신경 쓰실 여유도 거의 없으실 텐데 지금 그런 편지를 보내주시다니 (지금 제 옆에 있습니다) 정말 감사드립니다.

제가 당신의 초대에 응하지 않는다면 제가 충분히 예견할 수 있는 어떤 상황 때문에 갈 수 없게 되는 것입니다.

영국의 겨울이 저의 생명을 앗아갈 거라는 것, 그것도 조금씩 가증스러운 방법으로 그럴 것이라는 것은 의심의 여지가 없습니다. 그러므로 저로서는 당연히 마치 병사가 진격하는 것처럼 육로나 바다를 통해 이탈리아로 가야겠지요.

현재 제 신체 중에서 가장 상태가 나쁜 부분은 신경입니다. 하지만 어떤 극단적인 사태가 오더라도 침대기둥에게 욕을 먹을 정도로 어느 한 침대에 오래 누워 있지는 않게 될 테니 그것으로 위로를 삼습니다.

제 보잘것없는 시를 좋게 보셨다니 기쁘게 생각합니다. 하지만 저는 할 수만 있다면, 제가 평소 사람들의 평판에 신경을 쓰는 정도로 신경을 쓴다면 기꺼이 그 시를 없었던 것으로 하고 싶습니다.

---

gratified 기뻐하는, 만족하는 | over-occupied 너무 혼잡한 | strain 어조, 말투
take advantage of ~을 활용하다, ~을 이용하다 | prophesy 예언하다, 예상하다
put an end to ~을 끝내다, ~을 그만두다 | lingering 질질 끄는, 조금씩 | voyage 항해하다 | battery 포대, 포격
soothe 달래다, 위로하다 | come what extreme may 어떤 극단적인 사태가 오더라도
destined to ~으로 예정된, 운명으로 정해진 | hatred 증오, 혐오 | bedpost 침대 기둥
take the trouble to 수고를 아끼지 않고 ~하다
point unwrite 쓴 것을 다시 없애다, 다시 지우다

I received a copy of "The Cenci," as from yourself, from Hunt. There is only one part of it I am judge of — the poetry and dramatic effect, which by many spirits nowadays is considered the Mammon.

당신에게 받았듯이 헌트 씨에게서 "첸치"를 한 권 받았습니다.

제가 논하고싶은 부분은 오직 한군데뿐입니다.

시와 극적 효과는 오늘날 많은 사람들에게 "재물(을 불러들이는) 신"
으로 여겨지고 있지요.

be judge of ~을 판단을 하다 | Mammon 재물의 신, 부의 신

65 John Keats to Percy Bysshe Shelley(2)

A modern work, it is said, must have a purpose, which may be the God.

An artist must serve Mammon; he must have "self-concentration" — selfishness, perhaps.

You, I am sure, will forgive me for sincerely remarking that you might curb your magnanimity, and be more of an artist, and load every rift of your subject with ore.

The thought of such discipline must fall like cold chains upon you, who perhaps never sat with your wings furled for six months together.

And is not this extraordinary talk for the writer of "Endymion," whose mind was like a pack of scattered cards? I am picked up and sorted to a pip.

My imagination is a monastery, and I am its monk. I am in expectation of "Prometheus" every day. Could I have my own wish effected, you would have it still in manuscript, or be now putting an end to the second act.

존 키이츠가 퍼시 비쉬 셸리에게(2)

현대적 작품은 반드시 목적을 가져야 한다고들 합니다.
하나님이 그 목적이 될 수도 있겠지요.
예술가는 반드시 재물의 신을 섬겨야 합니다. 아마도 이기심이라고 할 수도 있는 "자기 중심성"을 반드시 가지고 있어야 합니다.

제가 당신에게 너그러움을 억제하고 좀더 예술가다워지고 주제에서 나타나는 모든 틈새를 메우라고 제 의견을 말씀드려도 용서해 주실 걸로 확신합니다.

그런 절제된 사고방식은 당신에게 차가운 사슬처럼 느껴지실 것입니다.

당신은 6개월 동안이나 날개를 접고 주저앉아 있은 적이 없으시니 말입니다.

그 마음이 마치 흩어진 카드들과 같은 "엔디미온"의 작가가 이런 말을 하다니 놀랍지 않습니까? 저는 이제 모아져서 정리되어 있습니다.

저의 상상력은 수도원과 같고 저는 그 안의 수도승입니다. 요즘 매일 "프로메테우스"가 도착하기를 기다리고 있습니다. 사실 저는 그것이 아직 원고 상태이거나 제 2 막을 마친 정도였으면 좋겠다고 생각했답니다.

---

self-concentration 자기 중심 | remark 의견을 말하다, 논평하다 | curb 억제하다
magnanimity 관대함, 너그러움 | load 채워 넣다, 적재하다 | rift 갈라진 틈, 금 | ore 광석, 금속
discipline 자제, 억제 | furl (날개를) 접다 | sorted 추려진, 분류된 | monastery 수도원 | monk 수도승
in expectation of ~을 기대하는 | effect 이루다, 달성하다 | manuscript 원고

I remember you advising me not to publish my first blights, on Hampstead Heath. I am returning advice upon your hands.

Most of the poems in the volume I send you, have been written above two years, and would never have been published but for hope of gain; so you see I am inclined enough to take your advice now.

I must express once more my deep sense of your kindness, adding my sincere thanks and respects for Mrs. Shelley.

In the hope of soon seeing you,

I remain most sincerely yours,

John Keats

저의 첫 번째 가망없는 작품들을 햄스테드 히스에서 출판하지 말 것을 충고하신 것이 생각납니다. 그 충고를 당신에게 다시 되돌려드립니다.

제가 보내드리는 책에 실린 대부분의 시들은 2년 전쯤에 쓰여진 것들이고 돈을 목적으로 하지 않았다면 결코 출판되지 않았을 시들입니다. 그러니 이제는 제가 당신의 충고를 받아들일 자세를 충분히 갖추었다는 것을 아시겠지요.

다시 한번 당신의 친절에 깊은 감사의 마음을 표합니다. 그리고 셸리 부인께도 저의 진심 어린 감사와 존경을 전해주십시오.

곧 만나 뵙기를 바라며

당신의 가장 충실한 친구

존 키이츠

blight (사기, 희망)을 꺾는 것, 장애가 되는 것 | volume 책, 권 | be inclined to ~하고 싶다, ~하는 성향이 있다

66 John Keats to Fanny Brawne(1)

Wednesday Morng. (Kentish Town, 1820)

My dearest girl,

I have been a walk this morning with a book in my hand, but as usual I have been occupied with nothing but you: I wish I could say in an agreeable manner. I am tormented day and night.

They talk of my going to Italy. 'Tis certain I shall never recover if I am to be so long separate from you: yet with all this devotion to you I cannot persuade myself into any confidence of you.

Past experience connected with the fact of my long separation from you gives me agonies which are scarcely to be talked of. When your mother comes I shall be very sudden and expert in asking her whether you have been to Mrs. Dilke's, for she might say no to make me easy.

I am literally worn to death, which seems my only recourse.

I cannot forget what has pass'd. What? nothing with a man of the world, but to me dreadful.

존 키이츠가 페니 브론에게(1)

수요일 아침 (1820년 켄티쉬 타운)

사랑하는 그대에게,

오늘 아침에는 손에 책을 들고 산보를 했소. 하지만 늘 그렇듯이 내 머리속은 온통 당신 생각뿐이었소. 내가 좀더 듣기 좋게, 부드럽게 말할 수 있다면 나도 좋겠소. 난 밤낮으로 고문당하는 심정이오. 사람들은 내가 이탈리아로 갈 거라고 말하고 있소. **내가 당신과 오래 떨어져 있다면 난 결코 회복될 수 없을 거요. 하지만 당신에 대한 이런 헌신적 사랑에도 불구하고 난 그대에게 어떤 자신감도 가질 수가 없소.**

과거에 당신과 오랫동안 떨어져 있으면서 겪은 경험은 거의 입밖에도 내고 싶지 않을 정도의 고통을 나에게 안겨 주오. 당신 어머니가 오시면 갑자기, 또 아무렇지도 않은 듯이 당신이 다이크 부인 댁에 갔었는지 여쭤보려고 하오.

왜냐하면 날 안심시키려고 아니라고 하실 테니까. 나는 문자 그대로 거의 죽어가고 있소. 죽음만이 나의 유일한 희망으로 보이긴 하지만. 지나간 일을 난 잊을 수 없소.

도대체 무슨 일이기에? 세상 사람에겐 아무 것도 아닐 테지만 나에겐 끔찍한 일이오.

be occupied with ~에 전념하고 있다, ~에 사로잡혀 있다
nothing but ~밖에, ~만 (=only) | torment 괴롭히다, 고문하다 | separate from ~에서 떨어져 있는
persuade into ~을 납득시키다, 권하여 ~시키다 | connected with ~과 연관된 | agony 고통, 고민
expert 노련한, 숙련된 | literally 문자 그대로, 정말로 | recourse 의지, 의뢰, 희망 | dreadful 두려운, 무시무시한
point worn to death 죽을 정도로 기진맥진한

I will get rid of this as much as possible. When you were in the habit of flirting with Brown you would have left off, could your own heart have felt one half of one pang mine did.

Brown is a good sort of Man — he did not know he was doing me to death by inches. I feel the effect of every one of those hours in my side now; and for that cause, though he has done me many services, though I know his love and friendship for me, though at this moment I should be without pence were it not for his assistance, I will never see or speak to him until we are both old men, if we are to be.

I *will* resent my heart having been made a football. You will call this madness. I have heard you say that it was not unpleasant to wait a few years — you have amusements — your mind is away — you have not brooded over one idea as I have, and how should you?

나는 가능한한 이런 상태에서 벗어나려고 하오. 당신이 브라운과 자주 만나 시시덕거리고 있을 때 내가 느끼는 마음의 고통, 그 만 분의 일이라도 느꼈을는지.

브라운은 좋은 남자요. 그는 자기가 날 조금씩 죽음으로 몰아가고 있다는 것은 모르겠지.

난 이제 내편에 남은 시간들, 그 한 시간 한 시간의 의미를 느끼고 있소.

그는 나를 위해 많은 일을 해 주었고 나에 대한 그의 사랑과 우정을 내가 잘 알고 있고, 또 그의 도움이 없다면 지금 이 순간 난 땡전한푼 없는 빈털터리겠지만 그런 이유로 해서 난 우리 둘 다 모두 늙은이가 될 때까지 (그렇게 될 때까지 살아 있다면) 그와 만나거나 얘기를 나누지 않을 것이오.

내 마음이 아무렇게나 취급되는 것을 참지 않을 것이오. 당신은 날 미쳤다고 하겠지. 몇 년 동안 기다리는 것도 나쁘진 않다고 그대가 말하는 걸 들었소.

당신은 즐길 일들이 있으니까 — 당신 마음은 이리저리 옮겨다니니까 — 당신은 나처럼 한 가지 생각에 집착하지 않소. 당신이 그럴 이유가 뭐 있겠소?

get rid of ~을 없애다 | in the habit of ~하는 버릇이 있다, 습관적으로 ~하다 | flirt 연애하다, 장난하다
pang 통증 | do one to death ~를 죽이다 | by inches 조금씩, 차츰
pence penny (영국의 화폐 단위, 1/100파운드)의 복수 | were it not for ~이 없다면 | resent 분개하다
football 아무렇게나 취급되는 것(사람), 싸구려 | amusement 즐거움, 오락
brood over ~을 골똘히 생각하다, 숙고하다

67 John Keats to Fanny Brawne(2)

You are to me an object intensely desireable — the air I breathe in a room empty of you is unhealthy. I am not the same to you — no — you can wait — you have a thousand activities — you can be happy without me. Any party, any thing to fill up the day has been enough.

How have you pass'd this month? Who have you smil'd with? All this may seem savage in me. You do not feel as I do — you do not know what it is to love — one day you may — your time is not come.

Ask yourself how many unhappy hours Keats has caused you in Loneliness. For myself I have been a Martyr the whole time, and for this reason I speak; the confession is forc'd from me by the torture.

I appeal to you by the blood of that Christ you believe in: Do not write to me if you have done anything this month which it would have pained me to have seen.

존 키이츠가 페니 브론에게(2)

당신은 나에게 정말 탐나는 사람이오. 당신이 존재하지 않는 방의 공기는 나의 건강에 해롭소. 하지만 당신에게 나는 그런 존재가 아니지 — 아니고 말고 — 당신은 기다릴 수 있으니까.

당신에겐 할 일이 너무도 많으니까 나 없이도 행복할 수 있소. 파티나, 뭐 하루를 채울 수 있는 어떤 일도 당신에겐 충분하오.

이번 달에는 어떻게 지냈소? 누굴 보고 웃었소? 이 모든 것이 나에게는 무정하게 생각되오. 당신은 나처럼 느끼지 않지 — 당신은 사랑한다는 게 어떤 건지 몰라 — 언젠가 는 알게 되겠지 — 아직 당신에겐 그때가 오지 않은 모양이오.

자신에게 한번 물어봐요. 외로울 때 키이츠 때문에 괴로웠던 적이 몇 시간이나 되나하고. 나로 말하자면 난 항상 희생자이고 이런 이유로 내 말하리다. 나의 고백은 고통에 못 이겨 어쩔 수 없이 흘러나오는 것이라고.

당신이 믿는 그리스도의 피로 당신에게 호소하오. 이번 달에 내가 봤으면 날 고통스 럽게 했을 어떤 일이라도 했다면 나에게 편지하지 마시오.

---

intensely 강력하게, 격렬하게 | desirable 탐나는, 갖고싶은 | savage 잔인한, 비정한 | martyr 순교자, 희생자
forc'd 강요된 (=forced) | torture 고문 | appeal 호소하다

You may have altered — if you have not — if you still behave in dancing rooms and others societies as I have seen you — I do not want to live — if you have done so I wish this coming night may be my last.

I cannot live without you, and not only you but *chaste you; virtuous you.*

The Sun rises and sets, the day passes, and you follow the bent of your inclination to a certain extent — you have no conception of the quantity of miserable feeling that passes through me in a day.

— Be serious! Love is not a plaything — and again do not write unless you can do it with a crystal conscience. I would sooner die for want of you than —

Yours for ever,

J. Keats

당신은 달라졌을지도 모르지 — 만일 안 변했다면 — 당신이 아직도 무도회장이나 사교 모임에서 내가 보아왔던 대로 행동하고 있다면 — 난 더 이상 살고 싶지 않소 — 당신이 그렇다면 차라리 오늘밤이 내 인생의 마지막 밤이 되기를 바라오.

난 당신 없이는 살 수 없소, 그것도 순결하고 정숙한 그대 없이는.

태양은 떠오르고 다시 지고, 하루가 지나가고, 당신은 어느 정도는 자신이 타고난 성향을 따라 행동하오.

당신은 하루 동안 얼마큼이나 많은 양의 비참한 감정이 내 온 몸에 사무치는지 전혀 모를 거요.

진지해지시오! 사랑은 유희가 아니오.

그리고 다시 말하는데 양심에 조금도 거리낄 게 없을 때만 편지를 써요.

나는 차라리 당신을 그리워하며 죽을 테니 —

당신을 영원히 사랑하는,

J. 키이츠

alter달라지다, 변경하다 | behave 행동하다, 처신하다 | chaste 순결한, 정숙한 | virtuous 고결한, 덕 있는
bent 성향 | inclination 성향, 기질 | to a certain extent 어느 정도는
have no conception of ~을 전혀 모르다 | plaything 유희, 오락거리
would sooner A than B B하느니 차라리 A하겠다 | for want of ~이 없어서, ~이 부족하여

68 George Gordon Byron to Countess Teresa Guiccioli

Bologna, August 25, 1819.

My dearest Teresa, — I have read this book in your garden; — my love, you were absent, or else I could not have read it. It is a favourite book of yours, and the writer was a friend of mine.

You will not understand these English words, and *others* will not understand them, — which is the reason I have not scrawled them in Italian.

But you will recognize the hand-writing of him who passionately loved you, and you will divine that, over a book which was yours, he could only think of love.

In that word, beautiful in all languages, but most so in yours — *Amor mio* — is comprised my existence here and hereafter. I feel I exist here, and I feel that I shall exist hereafter, — to *what* purpose you will decide;

조지 고든 바이런이 테레사 귀치올리 백작부인에게

1819년 8월 25일 볼로냐

사랑하는 테레사, 난 이 책을 그대의 정원에서 읽었소. 내 사랑, 그대는 여기 없었소. 만약 있었다면 난 책을 읽지 못 했을 거요. 이건 당신이 좋아하는 책이고 바로 내 친구 중 하나가 쓴 책이요.

당신은 여기 쓴 영어를 이해하지 못할 테고, 그건 다른 사람들도 마찬가지요.

내가 이태리어로 쓰지 않은 이유도 바로 그 때문이요. 하지만 당신은 당신을 열정적으로 사랑하는 사람의 필체를 알아볼 수 있을 거고 또 당신의 책을 보면서 그가 오직 사랑만을 생각했다는 것을 알아차릴 수 있을 거요.

이곳에서의, 또 앞으로의 내 존재는 어떤 언어로 표현해도 다 아름답지만, 특히 당신의 언어 – Amor mio – 로 말할 때 가장 아름다운 사랑이라는 단어로 모두 표현될 수 있소. 나는 당신이 정하는 목적을 위하여 여기에 존재하고 앞으로도 그럴 것 이라는 것을 느끼고 있소.

바이런(1788-1824) : 영국의 낭만파 시인

countess 백작부인 | scrawl 갈겨쓰다, 아무렇게나 쓰다 | hand-writing 필적, 육필 | passionately 정열적으로
divine 알아맞히다, 눈치채다 | be comprised in ~으로 모두 표현되다, ~에 다 포함되다 | hereafter 이후에, 앞으로

my destiny rests with you, and you are a woman, eighteen years of age, and two out of a convent, I wish that you had staid there, with all my heart, — or, at least, that I had never met you in your married state.

But all this is too late. I love you, and you love me, — at least, you *say so*, and *act* as if you *did* so, which last is a great consolation in all events. But *I* more than love you, and cannot cease to love you.

Think of me, sometimes, when the Alps and ocean divide us, — but they never will, unless you *wish* it.

Byron

나의 운명은 당신에게 달려 있소. 당신은 열 여덟 살 나이의 여성이고 수녀원에서 나온 지 2년 되었소. 진심으로 바라건대, 당신이 거기 계속 머물렀더라면 좋았을 것을. 아니면 적어도 당신이 결혼한 상태에서 만나지 않았더라면.

하지만 이 모든 것이 너무 늦었소. 나는 당신을 사랑하고 당신도 날 사랑하고 — 적어도 당신이 그렇게 말하고 그런 것처럼 행동하니까, 어떤 경우에도 그것은 큰 위안이오.

그러나 당신에게 느끼는 감정은 사랑 그 이상이오. 그리고 난 당신에 대한 사랑을 멈출 수가 없소.

알프스 산맥과 바다가 우릴 갈라놓을 때 — 가끔씩 날 생각해주오. 하지만 당신이 그것을 바라지 않는 이상 산과 바다도 우릴 절대 갈라놓지 못할 것이오.

바이런

---

destiny 운명 | rest with ~에 달려 있다, ~에 있다 | convent 수녀원, 수도원
staid stay의 과거, 과거분사 (=stayed) | with all one's heart 진심으로
consolation 위로, 위안 | in all events 어쨌든, 어떤 경우에도 | cease 멈추다, 그만두다

69 William Cullen Bryant to His Mother

(June, 1821)

Dear Mother: I hasten to send you the melancholy intelligence of what has lately happened to me.

Early on the evening of the eleventh day of the present month I was at a neighboring house in this village.

Several people of both sexes were assembled in one of the apartments, and three or four others, with myself, were in another.

At last came in a little elderly gentleman, pale, thin, with a solemn countenance, hooked nose, and hollow eyes.

It was not long before we were summoned to attend in the apartment where he and the rest of the company were gathered.

We went in and took our seats; the little elderly gentleman with the hooked nose prayed, and we all stood up. When he had finished, most of us sat down.

The gentleman with the hooked nose then muttered certain cabalistical expressions which I was too much frightened to remember,

윌리엄 쿨린 브라이언트가
어머니에게

(1821년 6월)

어머니. 최근 저에게 일어난 우울한 소식 하나를 서둘러 전해드립니다.

이번 달 11일 이른 저녁 시간에 저는 이 마을의 한 이웃집에 있었습니다.

여러 명의 남성과 여성이 한 아파트에 모여 있었고 나를 포함한 서너 명은 다른
아파트에 있었습니다.

마침내 작은 체구의 노신사가 들어왔는데 그는 창백한 데다 여위었고 근엄한 표정과
매부리코에 눈은 움푹 들어가 있었습니다.

얼마 지나지 않아 우리는 그와 나머지 사람들이 모여 있는 아파트로 불려갔습니다.

그리고 안으로 들어가서 자리에 앉았습니다. 매부리코를 한 그 자그마한 노신사는 기도를
하고 우리 모두 일어섰습니다.

기도를 마치자 대부분의 사람들이 자리에 앉았습니다.

그러자 매부리코의 그 신사는 당시에 너무 겁먹고 있었기 때문에 거의 기억할 수 없는
무슨 주문 같은 것을 중얼거렸습니다.

브라이언트(1794~1879) : 미국의 시인, 저널리스트.

melancholy 우울한, 슬픈 | intelligence 정보, 소식 | assemble 모으다, 집합시키다 | solemn 근엄한, 엄숙한
countenance 표정, 안색 | hooked nose 매부리코 | hollow 움푹한, 퀭한 | not long before 곧, 오래지 않아
summon 부르다 | mutter 중얼거리다
point cabalistical 신비스러운

but I recollect that at the conclusion I was given to understand that I was married to a young lady of the name of Frances Fair-child, whom I perceived standing by my side, and I hope in the course of a few months to have the pleasure of introducing to you as your daughter-in-law, which is a matter of some interest to the poor girl, who has neither father nor mother in the world.... I looked only for goodness of heart, an ingenuous and affectionate disposition, a good understanding, etc., and the character of my wife is too frank and single-hearted to suffer me to fear that I may be disappointed.

I do myself wrong; I did not look for these nor any other qualities, but they trapped me before I was aware, and now I am married in spite of myself. Thus the current of destiny carries us along. None but a madman would swim against the stream, and none but a fool would exert himself to swim with it. The best way is to float quietly with the tide....

Your affectionate son,

William

하지만 말미에 제 옆에 서 있던 프랜시스 페어차일드라는 이름의 어떤 젊은 여인과 제가 결혼하게 되었다는 것을 알아차리게 되었음을 기억합니다.

몇 달 안에 어머니에게 며느리를 소개해드릴 수 있게 되기를 바라고 있습니다.

가엾은 제 아내에게 그것은 즐거운 일이랍니다. 아내에게는 아버지도 어머니도 안 계시거든요....

제가 바란 것은 선량한 마음과 소박하고 따뜻한 성품, 넓은 아량, 뭐 이런 것들뿐입니다. 아내의 성격은 내가 실망할지도 모른다는 두려움을 느끼기에는 너무 솔직하고 고지식합니다.

저는 제 자신에게 나쁜 짓을 하고 있습니다.

전 이런 면들이나 다른 어떤 면들도 구한 적이 없습니다. 하지만 제가 깨닫기도 전에 덫에 걸려 버렸고 이제는 원하지도 않은 결혼을 했습니다.

운명의 급류가 우리를 끌고 갈 것입니다. 미친 사람이 아니라면 아무도 물살을 거슬러 헤엄칠 수는 없습니다. 바보가 아니라면 아무도 물살을 따라 헤엄치려고 하지 않을 것입니다. 가장 좋은 방법은 그저 조용히 흘러가는 대로 떠내려가는 것입니다.

어머님을 사랑하는 아들

윌리엄

recollect 회상하다, 기억하다 | at the conclusion 마치면서, 결론 부분에 | perceive 지각하다, 알아차리다 in the course of ~동안에 (=during) | ingenuous 소박한, 순진한 | disposition 성질, 기질 single-hearted 일편단심의, 성실한 | do ~ wrong ~에게 나쁜 짓을 하다, ~를 해롭게 하다 current 흐름, 조류 | exert oneself to 노력하다

70 Franz Schubert to Francis II

Your Majesty!

Most gracious Emperor!

With the deepest submission the undersigned humbly begs Your Majesty graciously to bestow upon him the vacant position of Vice-*Kapellmeister* to the Court, and supports his application with the following qualifications:

1. The undersigned was born in Vienna, is the son of a school-teacher, and is 29 years of age.

2. He enjoyed the privilege of being for five years a Court Chorister at the Imperial and Royal College School.

3. He received a complete course of instruction in composition from the late Chief *Kapellmeister* to the Court, Herr Anton Salieri, and is fully qualified, therefore, to fill any post as *Kapellmeister*.

4. His name is well known, not only in Vienna but throughout Germany, as a composer of songs and instrumental music.

프란츠 슈베르트가 프란시스 2세에게

폐하!

가장 너그러우신 황제시여!

아래에 서명한 소생, 폐하께 삼가 깊은 경의를 표하며 현재 공석으로 남아있는 궁정 부악장의 지위를 저에게 내려주시는 은혜를 베풀어 주셨으면 합니다.

그리고 다음과 같은 경력과 자격을 열거하여 제 지원의 이유를 뒷받침하고자 합니다.

1. 아래 서명자는 교사의 아들로서 비엔나에서 태어났으며 현재 29세입니다.

2. 황실 왕립 학교의 궁정 성가대에 5년간 성가대원으로 참여하는 영광을 누렸습니다.

3. 궁정 악장이셨던 고 안토니오 살리에리 씨에게 작곡에 관한 모든 과정을 사사받았으므로 악장의 자리에 오르기에 충분한 자격을 갖추고 있습니다.

4. 여러 성악곡과 기악곡의 작곡가로서 비엔나뿐만 아니라 전 독일에 잘 알려져 있습니다.

슈베르트(1797-1828) : 오스트리아의 작곡가. 낭만파 음악가

Your Majesty 폐하 | gracious 인자하신, 자비로우신 | submission 복종, 순종
the undersigned (아래에 서명한) 서명자 | humbly 겸손히 | bestow upon ~에게 주다
vacant 빈, 공석의 | Vice-Kapellmeister 부악장, 부지휘자 | application 지원
qualification 자격 | chorister (교회의 소년)성가대원 | instruction 교육, 훈련
composition 작곡 | Herr (독어) ~씨 (영어의 Mr.에 해당) | post 자리, 지위 | throughout 도처에, 온통

5. He has also written and arranged five Masses for both smaller and larger orchestras, and these have already been performed in various churches in Vienna.

6. Finally, he is at the present time without employment, and hopes in the security of a permanent position to be able to realize at last those high musical aspirations which he has ever kept before him.

Should Your Majesty be graciously pleased to grant this request, the undersigned would strive to the utmost to give full satisfaction.

Your Majesty's most obedient humble servant,

Franz Schubert

5. 또한 소규모와 대규모의 관현악단을 위한 다섯 개의 미사곡을 작곡하고 편곡했으며 이미 비엔나의 여러 교회들에서 연주되었습니다.

6. 마지막으로 현재는 어디에 고용되지 않은 상태이며 영구적인 직업을 얻어 안정된 상태에서 항상 간직해 온 높은 음악적 이상을 실현할 수 있게 되기를 희망하고 있습니다.

만약 폐하께서 너그러이 이 요청을 들어주신다면 소생은 완벽한 만족을 드리기 위하여 최선의 노력을 다할 것입니다.

가장 충실하고 겸허한 폐하의 종,

프란츠 슈베르트

arrange 편곡하다 | Mass 미사곡, 미사의식 | perform 공연하다, 연주하다
aspiration 열망, 희망 | graciously 자비롭게, 관대하게 | obedient 충실한, 순종하는 | humble 겸손한

71 Edgar Allan Poe to George Eveleth(1)

New York — Jan. 4, 1848.

My dear Sir — Your last, dated July 26, ends with — "Write will you not?" I have been living ever since in a constant state of intention to write, and finally concluded not to write at all until I could say something definite about The Stylus and other matters.

...

You say — "Can you *hint* to me what was the terrible evil which caused the irregularities so profoundly lamented?" Yes; I can do more than hint. This "evil" was the greatest which can befall a man.

Six years ago, a wife, whom I loved as no man ever loved before, ruptured a blood-vessel in singing. Her life was despaired of.

I took leave of her forever & underwent all the agonies of her death. She recovered partially and I again hoped.

에드가 알란 포우가
조지 에벨레스에게(1)

1848년 1월 4일 뉴욕

선생님, 선생님께서 7월 26일 마지막으로 보내신 편지는 "답장해 주겠소?" 하는 말로 끝맺고 있었지요. 그 후로 쭉 답장을 보내야지, 보내야지 하고 있다가 결국에는 〈스타일러스〉와 그밖의 다른 문제들에 관하여 뭔가 확실히 말씀드릴 수 있을 때까지는 전혀 편지를 쓰지 않으리라고 결론을 내렸습니다.

...

선생님은 말씀하셨지요 — "어떤 일이 있기에 그토록 깊이 슬퍼하고 괴로워하고 있는지 나에게 암시라도 해줄 수 있겠소?"

말씀드리지요. 암시가 아니라 아주 다 털어놓겠습니다. 이 "재앙"은 인간에게 일어날 수 있는 가장 무서운 것이었습니다.

6년 전에 어떤 남편도 따라올 수 없을 정도로 사랑하던 저의 아내가 노래를 부르다가 그만 혈관이 파열되어 버렸습니다. 그녀는 살아날 가망이 없었습니다.

저는 아내에게 영원한 작별을 고하고 아내의 죽음으로 인한 모든 고통을 다 겪었습니다. 그런데 아내는 간신히 목숨을 구하게 되었고 저는 다시 희망을 가지게 되었습니다.

에드가 알란 포우(1809-1849) : 미국의 시인, 작가, 비평가

date 날짜를 기입하다 | end with ~으로 끝나다 | constant 끊임없는, 불변의 | definite 명확한, 한정된
The Stylus 잡지의 이름 | hint 암시하다 | irregularity 불규칙적인 일, 불법, 변칙 | profoundly 깊이
lament 슬퍼하다 | befall ~에게 일어나다 (=happen to) | rupture (혈관 등을) 터뜨리다, 파열시키다
blood-vessel 혈관 | despair of ~을 단념하다, ~에 절망하다 | take leave of ~에 작별을 고하다
undergo 겪다, 경험하다 | agony 고통, 괴로움 | partially 부분적으로, 일부분은
point Her life was despaired of 그녀는 살아날 가망이 없었다

At the end of a year the vessel broke again — I went through precisely the same scene. Again in about a year afterward.

Then again — again — again & even once again at varying intervals.

Each time I felt all the agonies of her death — and at each accession of the disorder I loved her more dearly & clung to her life with more desperate pertinacity.

그해 말경에 혈관은 다시 터졌습니다. 저는 정확하게 똑같은 경험을 다시 겪었습니다. 약 1년 후에 그런 일이 다시 생겼습니다.

그리고 또다시 — 또다시 — 또다시 반복되었고 시간차를 두고 다시 한번 더 그런 일이 있었습니다.

그럴 때마다 저는 아내가 죽는 것과 똑같은 슬픔을 느꼈습니다.

그리고 매번 더욱 혼란스러워졌습니다. 저는 아내를 더욱더 사랑하게 되었고 그녀의 생명을 구하고자 필사적으로 매달렸습니다.

---

precisely 정확하게, 똑같이 | varying (연속적으로) 바뀌는, 변화하는 | interval 간격, 틈 | accession 도달, 접근, 증가 | disorder 병, 혼란 | cling to ~에 집착하다, ~에 들러붙다 | desperate 필사적인 | pertinacity 끈덕짐, 완강함

72 Edgar Allan Poe to George Eveleth(2)

But I am constitutionally sensitive — nervous in a very unusual degree. I became insane, with long intervals of horrible sanity. During these fits of absolute unconsciousness I drank, God only knows how often or how much.

As a matter of course, my enemies referred the insanity to the drink rather than the drink to the insanity.

I had indeed, nearly abandoned all hope of a permanent cure when I found one in the *death* of my wife.

This I can & do endure as becomes a man — it was the horrible never-ending oscillation between hope & despair which I could *not* longer have endured, without total loss of reason.

In the death of what was my life, then, I receive a new, but — oh God! how melancholy an existence!

에드가 알란 포우가
조지 에벨레스에게(2)

그러나 저는 본래 성격이 예민하고 남보다 더 많은 불안과 걱정을 느낍니다.

저의 정신상태는 점점 정상을 벗어났고 가끔씩 제정신이 돌아오면 무척 괴로웠습니다. 이런 무의식의 발작 상태 동안에 저는 술을 마셨고 제가 얼마나 자주, 얼마나 많이 마셨는 지는 하나님만이 아시겠지요.

당연히 저의 적들은 제가 미칠 듯한 마음 때문에 술을 마시는 게 아니라 술을 많이 마시기 때문에 미친 거라고들 했습니다. 저는 아내의 죽음이 바로 영원한 치료법이라고 생각하게 되자 치료법을 찾기 위한 모든 희망을 정말로 거의 포기했습니다.

이것은 견딜만한 것이고 실제로 정말 견디고 있습니다.

완전히 미치지 않고서는 제가 더 이상 견딜 수 없었던 것은 영원히 끝나지 않는 희망과 절망 사이의 끔찍한 줄타기였습니다.

제 생명이었던 아내의 죽음 속에서 저는 새로운 생명을 얻겠지만 — 오, 신이시여! 그것은 얼마나 애처로운 존재일까요!

constitutionally 체질적으로, 본질적으로 | nervous 신경질적인, 신경 과민의
in a very unusual degree 매우, 정상적이지 않은 정도로 | insane 미친, 제정신이 아닌 | sanity 온전한 정신
fit 발작, 흥분 | absolute 절대적인 | unconsciousness 무의식 | as a matter of course 당연한 일로
refer A to B A를 B의 탓으로 돌리다 | insanity 광기, 미쳐 버린 상태 | oscillation 주저함, 망설임, 진동
melancholy 슬픈, 애처로운

And now, ... let me refer to The Stylus, I am resolved to be my own publisher. To be controlled is to be ruined.

My ambition is great. If I succeed, I put myself (within 2 years) in possession of a fortune & infinitely more.

My plan is to go through the South & West & endeavor to interest my friends so as to *commence with a list of at least 500 subscribers.*

With this list I can take the matter into my own hands. There are some few of my friends who have sufficient confidence in me to advance their subscriptions — but at all events succeed I *will.* Can you or will you help me? I have room to say no more.

Truly Yours —

E.A. Poe

그리고 이제... 〈스타일러스〉에 대하여 한 말씀 드린다면, 저는 제 글을 스스로 출판하기로 결심했습니다. 통제당하는 것은 즉 파멸을 뜻합니다.

저는 커다란 야망을 가지고 있습니다.

만약 제가 성공한다면 (2년 안에) 부와 그밖의 모든 것을 소유하게 될 것입니다.

제 계획은 남부와 서부로 다니면서 친구들을 설득하여 적어도 500명의 구독자를 확보하여 잡지를 창간하도록 노력하는 것입니다.

500명 이상의 명단을 확보하면 제 의지대로 일을 처리할 수 있습니다. 몇몇 친구들은 미리 돈을 지불하고 예약신청을 할 정도로 저를 신뢰하고 있습니다. 여하튼 어떤 경우에도 저는 성공할 것입니다. 저를 도와주실 수 있습니까? 또 그럴 뜻이 있으신지요?

더 이상 쓸 공간이 없군요.

안녕히 계십시오.

E.A. 포우

---

be resolved to ~하기로 결심하다 | put oneself in possession of ~을 소유하게 되다
endeavor 노력하다 | so as to ~하도록 | commence with ~으로 시작하다
advance (돈을) 선불하다, 가불하다 | subscription 예약구독, 예약신청 | at all event 좌우간, 여하튼
point take the matter into one's hand 일을 주도하다

73 Charles Dickens to His wife

Devonshire-terrace
Tuesday morning, 15th April, 1851

My dearest Kate, — Now observe, you must read this letter very slowly and carefully. If you have hurried on thus far without quite understanding (apprehending some bad news) I rely on your turning back and reading again.

Little Dora, without being in the least pain, is suddenly stricken ill. There is nothing in her appearance but perfect rest — you would suppose her quietly asleep, but I am sure she is very ill, and I cannot encourage myself with much hope of her recovery. I do not (and why should I say I do to you, my dear?) I do not think her recovery at all likely.

I do not like to leave home, I can do no good here, but I think it right to stay. You will not like to be away, I know, and I cannot reconcile it to myself to keep you away.

찰스 디킨즈가 아내에게

1851년 4월 15일 화요일 아침
데본셔가(街)

사랑하는 케이트, 잘 들으시오. 이 편지는 매우 천천히 그리고 신중하게 읽어야 하오.

지금까지 잘 이해를 못하고(나쁜 소식인지 깨닫지 못하고) 대강 읽었다면 처음으로 돌아가서 다시 읽어주기를 바라오.

도라는 아무런 통증을 느끼지는 않지만 갑자기 중한 병에 걸려 있소. 겉보기에는 완전히 평온한 상태로, 병에 걸렸다는 아무런 징후도 찾아 볼 수 없소. 당신이 본다면 아마 조용히 잠들어 있는 것으로 생각할 거요.

하지만 상태가 매우 심각한 것이 확실하고 나 자신도 나을 것이라는 기대조차 가질 수 없을 것 같소. 내 생각엔 회복될 가망이 별로 없는 듯하오.(당신에게까지 거짓말을 할 필요는 없지 않겠소?)

난 집을 떠나고 싶지 않소. 여기서 별 도움이 되지는 못하지만 그래도 집에 머무는 게 옳다고 생각하오. 당신도 집에 오고 싶겠지. 알고 있소. 그리고 나도 당신이 집을 떠나 있다는 것이 견딜 수 없소.

찰스 디킨즈(1812-1870) : 영국의 소설가

observe 잘 보다, 주시하다 |thus far 지금(여태)까지는 |apprehend 이해하다, 납득하다
be stricken ill 병에 걸리다 |encourage 격려하다, 용기를 주다 |not ~ at all 전혀
do good 도움이 되다, 이득이 되다 |reconcile oneself to ~을 감수하다, 묵인하다

Forster, with his usual affection for us, comes down to bring you this letter and to bring you home, but I cannot close it without putting the strongest entreaty and injunction upon you to come with perfect composure —

to remember what I have often told you, that we never can expect to be exempt, as to our many children, from the afflictions of other parents, and that if — if when you come I should even have to say to you, "Our little baby is dead,"

you are to do your duty to the rest, and to show yourself worthy of the great trust you hold in them.

If you will only read this steadily I have a perfect confidence in your doing what is right.

Ever affectionately,

Charles Dickens

우리 가족에게 변함없는 사랑을 보여주고 있는 포스터가 이 편지를 가지고 가서 당신을 집에 데려올 것이요. 한데 내가 당신에게 무엇보다 부탁하고 싶은 것은 지극히 침착한 마음으로 와달라는 것이오.

내가 당신에게 종종 말했던 것처럼 다른 부모들의 괴로움에서 우리만 해방되어 우리 많은 아이들을 고통 없이 키우겠다는 기대는 절대 할 수 없다는 것을 기억하도록 하오.

또 당신이 도착했을 때

"우리의 사랑하는 아이가 죽었소"하는 말을 듣게 된다 하더라도 남은 아이들에게 당신의 의무를 다해야 하고 아이들이 당신에게 보여주는 절대적인 신뢰를 받을 만한 가치가 당신에게 있다는 것을 보여주어야 하오.

만약 당신이 이 편지를 마음의 동요 없이 침착하게 읽는다면 그것이야말로 바람직한 행동이라고 확실히 말할 수 있소.

영원히 당신을 사랑하는

찰스 디킨즈

---

entreaty 간청, 탄원 | injunction 명령, 지령 | with composure 침착하게
be exempt from ~에서 면제되다, ~에서 풀려나다 | affliction 고통, 괴로움 | steadily 견실하게, 흔들림 없이
have a confidence in ~을 믿다, 확신하다

74 Abraham Lincoln to John D. Johnston(1)

(Dec. 24, 1848)

Dear Johnston:

Your request for eighty dollars, I do not think it best to comply with now. At the various times when I have helped you a little, you have said to me, "We can get along very well now," but in a very short time I find you in the same difficulty again.

Now this can only happen by some defect in your conduct. What that defect is, I think I know. You are not *lazy*, and still you *are* an *idler*.

I doubt whether since I saw you, you have done a good whole day's work, in any one day. You do not very much dislike to work, and still you do not work much, merely because it does not seem to you that you could get much for it.

This habit of uselessly wasting time, is the whole difficulty; it is vastly important to you, and still more so to your children, that you should break this habit.

아브라함 링컨이 존 D. 존스턴에게(1)

(1848년 12월 24일)

존스턴군.

80달러를 꿔달라던 자네의 부탁에 대해 생각해 보았는데 지금 그 돈을 빌려주는 건 별로 좋은 생각이 아닌 것 같네. 내가 자네를 도와주었을 때 자네는 여러 차례 "이제 그럭저럭 잘 지낼 수 있을 겁니다." 하고 말하곤 했었지.

그런데 얼마 안 되어서 자네는 또다시 똑같은 어려움에 처하게 되었군.

이건 자네에게 어떤 결점이 있기 때문이라고 볼 수밖에 없네.

그게 어떤 결점인지 난 알고 있다고 생각하네. 자네가 구제불능으로 게으른 건 아니지만 그래도 나태한 면이 있는 건 사실일세.

내가 자네를 알고 지낸 이후로 자네가 단 하루라도 하루 종일 일한 적이 있는지 의심스럽네.

자네가 일하기를 영 싫어하는 건 아니지만, 그래도 실제로 일은 별로 안하고 있지.

단지, 일해봤자 많은 돈을 벌 수는 없다고 생각하기 때문에 말이야.

쓸모 없이 시간을 낭비하는 버릇이야말로 문제의 본질일세. 이 버릇에서 벗어나는 것은 자네에게 대단히 중요한 일이고, 자네 자녀들에게는 더욱더 중요하네.

링컨 (1809-1865) : 미국의 제 16대 대통령. 남북전쟁에 승리하여 노예를 해방시킴.

comply with ~에 따르다, ~에 응하다 | in a very short time 얼마 안되어, 금새 | conduct 행동
vastly 대단히, 크게
point get along 살아가다, 꾸려나가다

It is more important to them, because they have longer to live, and can keep out of an idle habit before they are in it, easier than they can get out after they are in.

왜냐하면 그들이 자네보다 더 오래 살게 될 테고 나태함의 악습에 이미 빠져버린 뒤보다는 빠지기 전에 그 악습에서 벗어나는 것이 당연히 더 쉬울 테니까.

keep out of ~에서 벗어나 있다

75 Abraham Lincoln to John D. Johnston(2)

You are now in need of some ready money; and what I propose is, that you shall go to work, "tooth and nail," for somebody who will give you money for it.

Let father and your boys take charge of your things at home — prepare for a crop, and make the crop, and you go to work for the best money wages, or in discharge of any debt you owe, that you can get.

And to secure you a fair reward for your labor, I now promise you that for every dollar you will, between this and the first of May, get for your own labor either in money or in your own indebtedness, I will then give you one other dollar.

By this, if you hire yourself at ten dollars a month, from me you will get ten more, making twenty dollars a month for your work.

In this, I do not mean you shall go off to St. Louis, or the lead mines, or the gold mines, in California, but I mean for you to go at it for the best wages you can get close to home — in Coles County.

아브라함 링컨이 존 D. 존스턴에게(2)

자네는 지금 현금이 필요할 걸세.

내가 제안을 하나 하지. 자네에게 임금을 지불해 줄 수 있는 사람을 위하여 "목숨 걸고" 일해 보는 걸세.

집안일은 — 곡식을 심고 거두는 일은 — 부친과 아들들에게 맡기게.

자네는 가장 많은 임금을 받을 수 있거나 자네가 지고 있는 채무를 변제할 수 있는 그런 일자리를 구해 보게.

그러면 노동의 대가로 상당한 수준의 보수를 보장해 주기 위하여 지금부터 5월 1일 사이에 자네가 스스로의 노동으로 번 돈이나 혹은 빚을 갚은 금액과 똑같은 금액을 내가 따로 주겠네.

그렇게 되면 만약 일해서 한달 동안 10달러를 벌어들인다면 나한테도 10달러를 받아서 결국은 한 달에 20달러의 수입을 올리게 되는 걸세.

그렇다고 내가 자네에게 세인트루이스나 캘리포니아의 납 광산, 혹은 금광에 가서 일하라는 말은 아니고, 집 근처 — 콜스카운티 — 에서 가장 좋은 조건의 일자리를 찾아 보라는 것일세.

---

in need of ~이 필요한 | ready money 현금 | take charge of ~을 맡다, 담당하다 | crop 곡식
wage 급료, 삯 | in discharge of 변제하는, 없애는 | secure 확보하다, 보장하다 | indebtedness 부채
hire oneself 고용되다

point tooth and nail 필사적으로, 갖은 수단을 다하여

Now if you will do this, you will soon be out of debt, and what is better, you will have a habit that will keep you from getting in debt again.

But if I should now clear you out, next year you will be just as deep in as ever. You say you would almost give your place in Heaven for $70 or $80. Then you value your place in Heaven very cheaply, for I am sure you can with the offer I make you get the seventy or eighty dollars for four or five months' work.

You say if I furnish you the money you will deed me the land, and if you don't pay the money back, you will deliver possession —

Nonsense! If you can't now live *with* the land, how will you then live without it? You have always been kind to me, and I do not now mean to be unkind to you. On the contrary, if you will but follow my advice, you will find it worth more than eight times eighty dollars to you.

Affectionately
Your brother

A. Lincoln

자네가 이대로만 한다면 곧 빚을 다 갚게 될 테고, 더 좋은 건 빚에 허덕이던 이전의 생활에서 벗어나게 될 거라는 점일세.

하지만 내가 지금 자네를 도와준다면 내년에 자네는 전처럼 다시 어려운 상황에 놓이게 되겠지.

자네는 헤븐에 있는 땅을 70달러나 80달러쯤에 내놓겠다고 말했지.

그건 헤븐의 땅을 너무 싸게 평가하는 거라네. 왜냐하면 내 제안에 따르면 7,80달러 쯤은 4,5개월 정도 일하면 얻을 수 있는 돈이니까.

내가 돈을 빌려준다면 그 땅을 나에게 양도하는 증서를 써주고 만약 갚지 못하게 되면 땅을 완전히 포기하겠다고 했지 —

그건 말도 안되네! 지금 그 땅을 가지고 있으면서도 살 수 없다면 그 땅 없이 어떻게 살아가겠나? 자네는 항상 나에게 잘해주었지.

나도 자네를 무시하거나 냉대하려는 생각은 털끝만큼도 없네. 그러기는커녕 만약 내 충고대로만 따른다면 결국에는 80달러의 8배가 넘는 돈도 얻을 수 있게 될 걸세.

자네를 형제처럼 소중히 여기는

A. 링컨

get in debt 빚을 지다 | clear out (장애물을) 제거하다 | deep 곤궁한, 난처한 | furnish 공급하다, 주다
deed (증서를 작성하여) 양도하다 | deliver 넘겨주다, 포기하다 | on the contrary 반대로

76 Abraham Lincoln to Mrs. Lydia Bixby

Executive Mansion
Washington, Nov. 21, 1864

To Mrs. Bixby, Boston, Mass.

Dear Madam,

I have been shown in the files of the War Department a statement of the Adjutant General of Massachusetts that you are the mother of five sons who have died gloriously on the field of battle.

I feel how weak and fruitless must be any word of mine which should attempt to beguile you from the grief of a loss so overwhelming. But I cannot refrain from tendering you the consolation that may be found in the thanks of the republic they died to save.

I pray that our Heavenly Father may assuage the anguish of your bereavement, and leave you only the cherished memory of the loved and lost, and the solemn pride that must be yours to have laid so costly a sacrifice upon the altar of freedom.

Yours very sincerely and respectfully,

A. Lincoln

아브라함 링컨이
리디아 빅스비 부인에게

1864년 11월 21일
워싱톤 대통령 관저

매사추세츠 주 보스턴의 빅스비 부인께.

부인,

저는 국방부 서류를 통하여 매사추세츠 주 군무국장이 기록해 놓은 사실, 즉 부인의 다섯 아드님들이 전투 중에 장렬하게 전사했다는 것을 알게 되었습니다.

그 어떤 말로도 부인께서 겪으셨을 쓰라린 아픔과 슬픔을 조금이라도 덜어드릴 수는 없다는 것을 알고 있습니다.

그럼에도 불구하고 그들이 생명을 바쳐 구해낸 공화국을 대표하여 감사를 드림으로서 부인을 위로해 드리지 않을 수 없습니다.

사랑하는 아들들을 잃어버린 부인의 상심을 하나님 아버지께서 어루만져 주시고 그들에 대한 소중한 기억만을 간직하게 하시길 기도드립니다.

그리고 또한 자유의 제단 위에 값비싼 희생제물을 드린 부인께 숭고한 자부심을 채워 주시길 기원합니다.

저의 진심 어린 애도를 받아주십시오.

A. 링컨

Executive Mansion (미국) 대통령 관저 | file 서류철 | War Department 국방부 | statement 진술, 서술 | the Adjutant General (미국) 군무 국장 | fruitless 보람없는, 헛된 | beguile 위로하다, (슬픔을) 잊게 하다 | overwhelming 압도적인, 저항할 수 없는 | refrain from ~을 삼가다, 억제하다 | tender 제공하다, 제안하다 | consolation 위로 | Heavenly Father 하나님 아버지 | assuage 완화하다, 달래다 | anguish 고통, 괴로움 | bereavement (근친을) 잃어버림, 사별 | cherished 소중히 간직된 | solemn 숭고한, 거룩한 | altar 제단

77 Ralph Waldo Emerson to Walt Whitman

Concord 21 July

Mass^{tts} 1855

Dear Sir,

I am not blind to the worth of the wonderful gift of "Leaves of Grass." I find it the most extraordinary piece out of wit & wisdom that America has yet contributed.

I am very happy in reading it, as great power makes us happy. It meets the demand I am always making of what seems the sterile and stingy Nature, as if too much handiwork or too much lymph in the temperament were making our Western wits fat and mean.

I give you joy of your free & brave thought. I have great joy in it. I find incomparable things said incomparably well, as they must be.

I find the courage of *treatment*, which so delights us, & which large perception only can inspire.

랄프 왈도 에머슨이 월트 휘트먼에게

1855년 7월 21일
매사추세츠 주 콩코드

안녕하십니까.

나는 시집 "풀잎"에 나타난 뛰어난 재능의 가치를 잘 인식하고 있습니다.

그것은 위트와 지혜를 담은 미국이 낳은 가장 비범한 작품입니다. 마치 위대한 힘이 우리를 행복하게 해주듯이 나는 그 책을 읽으면서 충만한 행복감을 느낍니다.

그것은 메마르고 부족한 듯이 느껴지는 자연에게서 내가 항상 얻고 싶어하던 것을 충족시켜 주었습니다. 너무 지나친 기교와 나태함이 우리 서구의 정신을 둔하고 속되게 만들고 있는 듯이 보입니다.

당신의 자유롭고 용감한 생각에서 누리는 기쁨을 당신께 바칩니다.

나는 거기서 큰 기쁨을 누립니다. 또 비교할 수 없을 정도로 놀라운 일들을 비교할 수 없을 정도로 훌륭하게 표현하셨음을 (당연히 그렇게 훌륭하게 표현되어야 마땅합니다) 발견합니다.

우리를 너무나 기분 좋게 하는 그 대담한 표현법은 폭넓은 인식을 통해서만 얻어질 수 있는 것입니다.

에머슨(1803-1882) : 미국의 사상가, 시인.
휘트먼(1819-1892) : 미국의 시인

be blind to ~을 알아볼 수 있는 눈이 없는, 안목이 없는 | Leaves of Grass 휘트먼의 시집 〈풀잎〉 | extraordinary 비범한, 특별한 | piece 작품 | meet 응하다, 충족시키다 | sterile 불모의, 메마른 | stingy 인색한, 부족한 | handiwork 수공, (특징이 나타나 있는) 제작물 | lymph 나태함, 게으름 | temperament 기질, 성미 | wit 정신, 지혜 | incomparable 비교할 수 없는, 단연 뛰어난 | treatment 표현법, 다루는 방법 | perception 인식력, 지각 | inspire 불어넣다, 영감을 주다

I greet you at the beginning of a great career, which must yet have had a long foreground somewhere, for such a start. I rubbed my eyes a little to see if this sunbeam were no illusion; but the solid sense of the book is a sober certainty.

It has the best merits, namely, of fortifying & encouraging.

I did not know until I, last night, saw the book advertised in a newspaper, that I could trust the name as real & available for a post-office.

I wish to see my benefactor, & have felt much like striking my tasks, & visiting New York to pay you my respects.

R. W. Emerson
(To) Mr. Walter Whitman

위대한 시인의 길에 첫발을 내딛은 당신에게 경의를 표합니다. 그런 대단한 출발로 미루어보건대 어느 곳으로인지는 아직 알 수 없지만 당신이 나아갈 길이 길게 뻗어 있을 것입니다.

나는 이 햇빛이 환상인지 아닌지 확인하기 위해 눈을 비벼보았습니다. 하지만 그 책이 주는 확고한 느낌은 온전한 사실로 다가왔습니다. 그 가장 큰 덕목은 사람을 강하게 해주고 용기를 북돋워 주는 것입니다.

어젯밤 신문에 난 그 책 광고를 보기 전까지는 그 작가의 이름이 본명이고 그 이름으로 편지를 보낼 수도 있다는 것을 알지 못했습니다.

나의 은인을 직접 만나기를 희망하며 나의 할 일을 다 마치고 뉴욕을 방문하여 당신에게 경의를 표할 수 있게 되었으면 좋겠군요.

R.W. 에머슨
월터 휘트먼 씨 (에게)

foreground 전경, 앞에 펼쳐진 광경 | sunbeam 햇살 | illusion 환상 | sober 온전한, 진실한 certainty (객관적) 사실, 확실함 | merit 장점, 덕목 | namely 즉, 다시 말해서 | fortify 강화하다 benefactor 은인, 은혜를 베푼 사람

78 Thomas Babington Macaulay to Henry S. Randall(1)

(May 23, 1857)

Holly Lodge, Kensington, London

Dear Sir,

You are surprised to learn that I have not a high opinion of Mr. Jefferson, and I am surprised at your surprise.

I am certain that I never wrote a line, and that I never... uttered a word indicating an opinion that the supreme authority in a state ought to be intrusted to the majority of citizens told by the head, in other words, to the poorest and most ignorant part of society.

I have long been convinced that institutions purely democratic must, sooner or later, destroy liberty, or civilisation, or both....

I have not the smallest doubt that, if we had a purely democratic government here, the effect would be the same....

You may think that your country enjoys an exemption from these evils ... I am of a very different opinion. Your fate I believe to be certain, though it is deferred by a physical cause.

토마스 바빙톤 매콜리가
헨리 S. 랜들에게(1)

(1857년 5월 23일)
런던 켄싱톤 홀리 여관

안녕하십니까,

내가 제퍼슨 씨를 별로 높게 평가하지 않고 있다는 사실에 놀라셨다니 나는 당신이 놀라셨다는 데 도리어 놀라움을 느낍니다. 확신하건대 나는 단 한번도 한 나라의 최고 권력이 다수결에 의해 대다수 시민들의 손에, 다시 말해서 가장 가난하고 무지한 사회 계층민들에게 주어져야 한다는 취지의 글을 쓰거나 말을 한 적이 없습니다.

나는 오래 전부터 완전히 민주적인 제도는 언젠가는 자유를, 혹은 문명을, 혹은 양쪽 모두를 파괴할 수밖에 없다고 굳게 믿어 왔습니다....

만일 이 나라에 완벽하게 민주적인 정부가 들어선다면 역시 똑같은 결과가 초래될 수밖에 없다는 것을 추호도 의심하지 않고 있습니다.... 당신들 나라는 이런 해악을 염려할 필요가 없다고 생각하시겠지요....

제 생각은 완전히 다릅니다. 물리적인 요인에 의해 해악의 결과가 뒤로 미루어져 있을 뿐이지 당신들의 운명도 결국엔 그렇게 될 겁니다.

매콜리(1800-1859) : 영국의 역사가, 정치가
랜들(1811-1876) : 미국의 역사가

have a high opinion of ~에 대하여 높이 평가하다 | utter 말하다, 털어놓다
intrust to ~에게 맡기다, ~에게 위임하다 | majority 대다수, 다수파, 다수당 | institution 제도, 관례
exemption from ~에서 면제됨, ~으로부터 해방됨 | of a different opinion 의견이 다른
defer 연기하다, 뒤로 미루다
point told by the head 머리수로 결정되는, 즉 다수결로 결정되는

As long as you have a boundless extent of fertile and unoccupied land, your labouring population will be far more at ease than the labouring population of the old world; and, while that is the case, the Jeffersonian polity may continue to exist without causing any fatal calamity.

But the time will come when New England will be as thickly peopled as old England. Wages will be as low, and will fluctuate as much with you as with us.

You will have your Manchesters and Birminghams, and in those Manchesters and Birminghams, hundreds of thousands of artisans will assuredly be sometimes out of work.

Then, your institutions will be fairly brought to the test. Distress everywhere makes the labourer mutinous and discontented, and inclines him to listen with eagerness to agitators who tell him that it is a monstrous iniquity that one man should have a million while another cannot get a full meal.

　　아무도 살지 않는 비옥한 땅이 끝도 없이 펼쳐져 있는 한 당신 나라의 노동자들은 유럽의 노동자들보다 훨씬 더 평온한 삶을 누리겠지요.

　　그런 조건이 충족되는 동안에는 제퍼슨식 민주정치가 치명적인 재앙을 야기하지 않고 지속될 것입니다.

　　그러나 뉴잉글랜드가 영국만큼이나 사람들로 붐비게 될 때가 오겠지요. 그러면 우리 나라에서처럼 급료는 낮고 불안정하게 요동치게 될 것입니다.

　　미국에도 맨체스터와 버밍햄과 같은 도시들이 생겨날 테고 틀림없이 그런 도시들에선 수천 수만의 기능공들이 때때로 실직상태에 놓이게 될 것입니다. 그때는 당신들의 정치제도가 상당한 시련에 부딪치게 되겠지요.

　　도처에 빈곤이 만연하면 노동자는 반항적이고 불만에 가득 차서 어떤 사람은 백만장자가 되는데 어떤 사람은 밥 한끼 배불리 먹을 수 없는 것은 엄청난 죄악이라고 외치는 선동가의 말에 열심히 귀를 기울이게 됩니다.

---

fertile 비옥한, 기름진 | unoccupied 사람이 살지 않는 | labouring population 노동 인구, 노동자 계층
at ease 안심한, 평안한 | old world 구세계(아시아, 아프리카, 유럽), 유럽 대륙 | calamity 재난, 불행
New England 미 동북부의 여섯 주(메인, 버몬트, 뉴햄프셔, 로드아일랜드, 코네티컷, 매사추세츠)
Manchester and Birmingham 영국의 공업도시들 | artisan 기능공, 장인 | assuredly 확실히, 틀림없이
out of work 실직한 | distress 빈곤, 곤궁, 괴로움 | mutinous 반항적인, 폭동을 일으키는
incline (마음을) ~으로 돌리게 하다, ~의 경향을 생기게 하다 | with eagerness 열심히, 기꺼이
agitator 선동가 | monstrous 엄청난, 끔찍한 | iniquity 부정, 죄악
point Jeffersonian 미국 대통령이었던 Thomas Jefferson 식(민주주의)의

79 Thomas Babington Macaulay to Henry S. Randall(2)

In bad years there is plenty of grumbling here, and sometimes a little rioting. But it matters little. For here the sufferers are not the rulers.

The supreme power is in the hands of a class, numerous indeed, but select; of an educated class, of a class which is, and knows itself to be, deeply interested in the security of property and the maintenance of order.

Accordingly, the malcontents are firmly, yet gently, restrained. The bad time is got over without robbing the wealthy to relieve the indigent.

The springs of national prosperity soon begin to flow again: work is plentiful: wages rise; and all is tranquillity and cheerfulness ... I cannot help foreboding the worst. It is quite plain that your government will never be able to restrain a distressed and discontented majority....

The day will come when... a multitude of people, none of whom has had more than half a breakfast, or expects to have more than half a dinner, will choose a Legislature....

토마스 바빙톤 매콜리가
헨리 S. 랜들에게(2)

여기서도 경기가 좋지 않을 때는 불평불만의 목소리가 높습니다.

때로는 약간의 폭동이 일어나기도 합니다. 하지만 문제가 될 정도는 아닙니다.

왜냐하면 이곳에서는 고통받는 사람들이 통치자는 아니기 때문입니다.

최고 권력은 (수적으로 많기는 하지만) 재산을 지키고 질서를 유지하는 일에 깊은 관심을 가지고 있고 또 그래야만 하는 선택되고 교육받은 계층에게 있습니다.

따라서 불평분자는 단호히, 그러나 조용히 억제되게 마련입니다.

부자의 돈을 빼앗아 가난한 자를 구제함 없이 불경기를 넘기게 됩니다.

다시 봄이 찾아와 곧 경제가 풀리고 번영하기 시작합니다.

일자리는 여기저기 있고 급료는 올라가고 모든 것이 평온하고 활기에 넘칩니다...

...나는 최악의 상황을 예감하지 않을 수 없습니다.

당신들의 정부가 곤궁하고 불만에 가득한 대중들을 결코 억누를 수 없을 거라는 것은 불을 보듯 뻔합니다....

아침도 제대로 못 먹고 저녁 역시 제대로 먹기를 기대할 수 없는 많은 사람들이 입법부를 장악하는... 그런 날이 올 것입니다....

---

grumbling 불평, 불만 | rioting 폭동 | maintenance of order 질서 유지 | malcontent 불평가, 반항자
restrain 억제하다, 제한하다 | relieve 구제하다, 원조하다 | indigent 궁핍자, 가난한 사람
tranquility 평온함, 고요함 | cheerfulness 기분 좋음, 유쾌함 | forebode 예감하다, 예언하다 | plain 분명한
a multitude of 다수의, 수많은
point in bad years 불경기에는

On one side is a statesman preaching patience, respect for vested rights... On the other is a demagogue ranting about the tyranny of capitalists ... and asking why anybody should be permitted to drink Champagne and to ride in a carriage, while thousands of honest folks are in want of necessaries ....

I seriously apprehend that you will, in some such season of adversity ... do things which will prevent prosperity from returning; that you will act like people who should in a year of scarcity devour all the seed corn, and thus make the next year a year, not of scarcity, but of absolute famine ....

There is nothing to stop you. Your Constitution is all sail and no anchor .... Either some Cæsar or Napoleon will seize the reins of government with a strong hand; or your republic will be ... laid waste by barbarians in the twentieth Century as the Roman Empire was in the fifth....

Thomas Babington Macaulay

한쪽에서는 정치가가 인내심을 발휘하고 기득권을 존중해 줄 것을 호소하고...
다른 한쪽에서는 민중지도자가 자본가의 횡포를 성토하고...

수천 명의 정직한 서민들은 생활필수품도 없어서 쩔쩔매는데 어떤 사람은
샴페인을 마시면서 마차를 타고 다녀도 되는 것인지 묻고...

그런 힘든 역경의 시절이 찾아오면 당신들은 다시금 찾아오게 될 번영의 싹을 잘라버
리는 우를 범하게 될 거라고 심각하게 염려하지 않을 수 없습니다.

마치 종자로 쓸 곡식도 모조리 먹어버려서 그 다음해는 곤궁한 정도가 아니라 극단적인
기근에 시달리게 되는 사람들처럼 말입니다....

아무 것도 당신들을 막을 수 없습니다.

당신들의 정치 체제에는 온통 돛만 달려 있고 닻은 없습니다....

카이사르나 나폴레옹 같은 인물이 강력한 힘으로 정부를 장악하게 되거나 아니면
5세기에 로마 제국이 그랬던 것처럼 20세기에는 야만인들에게 의해 당신들의 나라는...
황폐화될 것입니다.

토마스 바빙톤 매콜리

statesman 정치가 | preach 연설하다, 설교하다 | vested right 기득권 | demagogue 선동 정치가, 민중지도자
rant 폭언하다, 고함치다 | tyranny 독재, 횡포, 전횡 | capitalist 자본가 | in want of ~이 부족한
apprehend 염려하다, 깨닫다 | adversity 역경, 불행 | scarcity 부족, 결핍 | devour 삼키다
seed corn (곡식의) 종자, 씨앗 | famine 기근, 기아 | anchor 닻 | seize 잡다 | rein 고삐
lay waste (토지, 나라를) 황폐화시키다 | barbarian 야만인

80 John Brown to His Family(1)

Charlestown, Prison, Jefferson Co., Va.
30th Nov 1859

My Dearly Beloved Wife, Sons: & Daughters, Everyone

As I now begin what is probably the last letter I shall ever write to any of you; I conclude to write you all at the same time....

I am waiting the hour of my public *murder* with great composure of mind, & cheerfulness: feeling the strongest assurance that in no other possible way could I be used to so much advance the cause of God; & of humanity: & that nothing that either I or all my family have sacrificed or suffered: *will be lost.*

The reflection that a *wise & merciful, as well as just & holy God*: rules not only the affairs of *this world*: but of all worlds; is a rock to set our feet upon; under all circumstances: *even* those more severely *trying ones*: into which our own follies; & rongs have placed us.

존 브라운이 자기 가족들에게(1)

1859년 11월 30일
버지니아 주 제퍼슨 카운티 찰스타운 교도소

사랑하는 아내와 아들 딸들, 그리고 모든 사람들에게
　너희들에게 보내는 마지막 글이 될 이 편지를 시작하면서 모두에게 한꺼번에
쓰기로 마음먹었다....
　나는 공적인 살인이라고 할 수 있는 나의 사형집행을 평온한 마음으로 기분 좋게
기다리고 있다.
　그리고 하나님과 인류의 목적을 실현하는 일에 내가 사용될 수 있는 길은 이것 말고는
없으며 나나 내 가족의 희생과 고통이 하나도 헛되지 않으리라는 것을 느끼고 있다.
　현명하시고 자비로우시며 동시에 의로우시고 거룩하신 하나님께서 이 세상 일뿐만
아니라 어떤 세계의 일이든지 주관하신다는 생각은 어떤 상황에서든지, 우리의 잘못과
　죄악 때문에 빠지게 되는 심히 괴로운 상황에 처해 있을지라도 우리의 발을 굳건하게
지탱해 주는 반석이다.

존 브라운(1800~1859) : 미국의 노예 해방론자

composure 평온함, 침착함 | assurance 확신 | cause 의지, 목적, 섭리 | reflection (숙고하여 얻은) 생각
merciful 자비로운 | just 공정한 | set upon ~위에 두다 | trying 괴로운, 견디기 힘든 | folly 잘못
rong 죄악, 부정 (=wrong)

I have now no doubt but that our seeming *disaster*: will ultimately result in the most *glorious success.* So my dear *shattered & broken* family be of good cheer; & believe & trust in God;

"*with all your heart & with all your soul;" for "he doeth All things well:* Do not feel ashamed on my account; nor *for one moment* despair of the cause; or grow *weary of well doing.*

I bless God; I never felt stronger confidence in the certain and near approach of a *bright Morning: & a glorious day;* than I have felt; & do now feel; since my confinement here.

...

I beseech you every one to make the bible your *dayly & Nightly study*; with a *childlike honest, candid, teachable spirit*: out of love and respect for your husband; & Father: & I beseech *the God* of *my Fathers*; to open all your eyes to a discovery of *the truth.*

You *cannot imagine* how much you may *soon need* the consolations of the Christian religion.

지금은 불행한 일로 여겨지지만 궁극적으로는 가장 영광스러운 성공으로 열매 맺게 될 것을 나는 이제 믿어 의심치 않는다.

"하나님께서는 모든 일에 옳으시니" 산산이 흩어져버린 사랑하는 나의 가족들, 기운을 내어 "네 마음을 다하고 영혼을 다 바쳐서" 하나님을 믿고 신뢰하도록 하여라.

나 때문에 부끄러워하지 말고 단 한순간도 대의를 포기하지 말며 선행을 쌓는 일에 부단히 힘쓰도록 해라.

나는 하나님을 찬양한다. 여기 수감된 이후로 빛나는 아침과 영광의 날이 확실히 찾아오리라는 사실을 근래에 느꼈던 것처럼, 또 지금 이 순간 느끼는 것처럼 강하게 확신한 적은 없었다.

   …

간절히 부탁하고 싶은 것은 너희 모두가 어린아이처럼 꾸밈없이 솔직하고 온순한 마음을 가지고 또 남편과 아버지에 대한 사랑과 존경에서 낮이나 밤이나 성경을 가까이 하고 공부했으면 하는 것이다.

   너희들의 눈을 뜨게 하사 진리를 발견하게 해주시길 조상님들이 섬겼던 하나님께 기도한다. 너희가 이제 곧 기독교의 위로를 얼마나 많이 필요로 하게 될지 너희들은 아마 상상도 못할 것이다.

seeming 외관상의, 겉으로의 | on one's account ~때문에, ~의 일로 | despair of ~을 포기하다, 단념하다
weary of ~에 싫증난 | confinement 감금, 구금 | beseech 간절히 원하다, 청원하다
dayly 날마다 (=daily) | nightly 밤마다 | candid 솔직한, 꾸밈없는 | teachable 온순한, 말을 잘 듣는
consolation 위로

...

Do not be vain; and thoughtless: but *sober minded*. And let me entreat you all to love the *whole remnant* of our once great family: "with a pure *heart fervently*." Try to *build again*: your broken walls: & to make *the utmost* of every *stone* that is left.

Nothing can so tend to make life a blessing as the consciousness that you *love*: *& are beloved*: & "love ye the stranger" still.

It is ground of the utmost comfort to *my mind*: to know that so many of yon as have had the *opportunity*; have given full proof of your fidelity to the great family of man.

...

　　허영심을 버리고 분별력을 잃지 말고 맑은 정신을 가지도록 하여라. 그리고 너희 모두 한때는 단란했던 우리 가족의 남아 있는 모든 식구들을 순수한 마음으로 뜨겁게 사랑하기를 바란다.

　　무너진 벽을 다시 세우고 남아 있는 돌멩이 한 조각도 최대한 활용하도록 하여라.

　　사랑하고 사랑받고 있다는 자각보다 인생에 더 큰 축복은 없으니 "낯선 사람도 사랑하도록 하여라".

　　내 마음이 이토록 큰 위안을 얻는 이유는 너희들 대부분이 아직 기회를 가지고 있으며 인류라는 대가족에게 너희의 진실함을 증명해 보일 수 있다는 것을 알기 때문이다.

sober minded 맑은 정신의, 냉정한, 진실한 | entreat 간청하다, 탄원하다 | remnant 나머지
fervently 열렬히, 뜨겁게 | ye (古) 2인칭 대명사 복수형 (thou의 복수) | ground 근거, 이유 | fidelity 성실함, 진실함
point make the utmost of ~을 최대한 활용하다

81 John Brown to His Family(2)

Be faithful until death. From the exercise of habitual love to man: it *cannot* be very *hard*: to *learn* to love his *maker*.

I must yet insert a reason for my firm belief in the Divine inspiration of the Bible: notwithstanding I am (perhaps naturally) skeptical: (certainly not, credulous.) I wish you all to consider *it most throughly*: when you read the blessed book; & see whether you *can not* discover such evidence yourselves.

It is the purity of *heart, feeling, or motive*: as well as *word, & action* which is everywhere insisted on; that distinguish it from *all other teachings*; that *commends* it to *my conscience*; whether *my heart* be "willing, & obedient" *or not*.

The inducements that it holds out; are another reason of *my conviction* of its *truth: & genuineness:* that I cannot here *omit*: in this my last argument for the Bible. *Eternal life*; is that my soul is "*panting after*" this moment. I mention this; as reason for endeavouring to leave a valuable copy of the Bible to be carefully *preserved* in remembrance of *me*:

존 브라운이 자기 가족들에게(2)

죽을 때까지 믿음을 지키도록 하여라. 인간을 계속해서 사랑하다보면 인간을 창조하신 하나님을 사랑하는 법도 어렵지 않게 배울 수 있을 것이다. 성경이 불러일으키는 거룩한 감화에 대한 나의 확고한 믿음의 근거를 말하지 않을 수 없다.

나는 (아마도 선천적으로) 의심 많은 사람이다(확실히 뭔가를 잘 믿는 사람은 아니다).

그렇지만 너희들은 그 축복받은 책을 읽을 때에 모두 그것을 온전히 묵상하기를 바란다. 그리고 스스로 그 증거를 찾아보도록 하여라.

성경을 다른 모든 가르침들과 구별짓고 내 양심에 받아들이게 하는 것은 (내 마음이 순종적이든 아니든) 도처에서 강조된 마음과 감정과 동기, 말과 행동의 순수성이다.

내가 성경의 진리와 진실함을 믿는 또 다른 이유는 성경이 제공하는 약속들 때문이다.

성경을 옹호하는 나의 마지막 변론에서 그것을 빠뜨릴 수 없구나.

영원한 생명, 그것은 지금 이 순간 내 영혼이 가장 갈망하는 것이다.

비슷한 가격의 다른 어떤 물건들 대신 귀중한 성경책 한 권을 남겨서 나의 수많은 자손들에게 날 기념하는 의미에서 소중히 간직하게끔 하려는 이유도 여기에 있다.

---

habitual 습관적인, 계속되는 | divine 신성한, 신의 | inspiration 영감, 감화 | notwithstanding ~에도 불구하고
skeptical 의심 많은, 회의적인 | credulous 속기 쉬운, 어수룩한 | inducement 유인, 유도
genuineness 진짜임, 순수함 | omit 생략하다 | eternal 영원한 | pant after ~을 동경하다, 갈망하다
endeavor 노력하다, 애쓰다 | posterity 자손
point in remembrance of ~을 기념하여

to so many of my posterity; *instead* of some other things of equal cost. I beseech you all to live in habitual contentment with very *moderate* circumstances: & gains, of worldly store: & most earnestly to teach this: to your *children: & Childrens Children*: after you: by *example*: as well; as precept.

Be determined to know by experience as soon *as may be:* whether bible instruction is of *Divine origin* or not; *which says,* *"Owe no man anything but* to love one another."

John Rogers wrote to his children, "Abhor the arrant whore of Rome." John Brown writes to his children to abhor with *undiing hatred*, also: that "sum of all villainies;" Slavery.

Remember that "he that is *slow* to *anger* is *better* than the mighty: and he that ruleth his spirit; than he that taketh a city." Remember also: *that* "they that be *wise* shall *shine*; and they that *turn* many to *righteousness*: as the stars forever; & ever." And now dearly beloved Farewell, To God & the word of his grace I commend you all.

Your Affectionate Husband & Father

John Brown

너희 모두 절제된 생활, 적당한 수입과 저축에 항상 만족하면서 살기를 간절히 바란다.

또 이것을 너희 자녀들과 그 자녀의 자녀들에게 스스로 모범을 보이고 권고함으로써 성심껏 가르치기를 바란다.

될 수 있는 대로 빨리 "피차 사랑 외에는 아무 것도 빚지지 말라"하는 성경의 가르침이 정말 하나님이 주신 교훈인지 몸소 경험함으로서 분별하기를 힘쓰도록 해라.

존 로저스는 자식들에게 "악명 높은 로마의 매춘부를 혐오하라" 하고 편지를 썼고, 존 브라운은 자식들에게 "모든 죄악의 집합체"인 노예제도를 꺼지지 않는 증오심으로 거부할 것을 당부한다.

"쉽사리 화를 내지 않는 사람이 용사보다 낫고 자기 마음을 다스릴 줄 아는 사람이 성을 정복하는 사람보다 낫다" 하는 성경 말씀을 기억해라.

또한 "지혜로운 자들은 빛과 같이 빛날 것이며 많은 사람들을 옳은 길로 인도한 자들은 별처럼 영원히 빛날 것이다"하는 말씀도 기억해라. 이제 사랑하는 가족들에게 작별을 고하련다. 하나님과 그 은혜의 말씀에 모든 가족들을 의탁하고 떠난다.

사랑하는 남편이자 아버지인

존 브라운

---

contentment with ~에 만족함 |moderate 절제하는, 소박한 |worldly 세속적인, 세상의 |precept 교훈, 권고 of Divine origin 하나님이 주신, 하늘로부터 내려온 |John Rogers 영국 기독교의 순교자 abhor 혐오하다, 싫어하다 |arrant 터무니없는, 악명 높은 |whore of Rome 로마의 매춘부 (로마의 종교에 대한 비유) | hatred 증오 |villainy 악행, 나쁜 짓 |slavery 노예제도 |righteousness 정의

po i nt as soon as may be 될 수 있는 대로 빨리, 한시바삐

82 Richard Wagner to Baron Robert von Hornstein

19, Quai Voltaire, Paris,

12th December 1861

Dear Hornstein,

I hear that you have become rich. In what a wretched state I myself am you can easily guess from my failures. I am trying to retrieve myself by seclusion and a new work.

In order to make possible this way to my preservation — that is to say, to lift me above the most distressing obligations, cares, and needs that rob me of all freedom of mind — I require an immediate loan of ten thousand francs.

With this I can again put my life in order, and again do productive work.

It will be rather hard for you to provide me with this sum; but it will be possible if you WISH it, and do not shrink from a sacrifice. This, however, I desire, and I ask it of yon against my promise to endeavor to repay you in three years out of my receipts.

리하르트 바그너가
로베르트 혼슈타인 남작에게

1861년 12월 12일
파리 케 볼테르 19호

혼슈타인 남작님.

상당한 재산을 모으셨다고 들었습니다. 저의 참담한 실패로 미루어보시면 제가 얼마나 비참한 상태에 놓여 있는지 짐작하실 것입니다. 저는 은둔 상태에서 새로운 작업을 시작함으로서 실패를 만회하고자 합니다.

이것을 가능케 하여 저 자신을 지키기 위해서는, 다시 말해서 마음을 속박하고 괴롭히는 여러 가지 의무나 근심걱정, 구차한 생활에서 벗어나기 위해서는 당장 만 프랑의 돈을 빌려야 합니다.

그 돈이 있으면 엉클어진 제 생활을 바로잡고 다시금 생산적인 일을 할 수 있을 것입니다.

그만한 금액을 저에게 내놓기가 쉽지는 않겠지만, 원하신다면, 또 희생을 두려워하지 않으신다면 주실 수 있을 겁니다. 이것이 제가 바라는 것이고 또한 3년 내에 돈을 갚도록 노력하겠다고 약속하는 바입니다.

바그너(1830-1890) : 독일 19세기 낭만파 음악의 거장

baron 남작 | von (독어) of, from의 뜻(귀족의 가명(家名) 앞에 써서) ~출신 | retrieve 만회하다, 구해내다
seclusion 은둔, 격리 | distressing 괴롭히는 | rob A of B A에게서 B를 빼앗다 | loan 대부
franc 프랑(프랑스의 화폐 단위) | provide A with B A에게 B를 공급하다 | shrink from ~을 꺼리다, 피하다
endeavor 노력하다
point put ~ in order 바로잡다

Now let me see whether you are the right sort of man!

If you prove to be such for me, — and why should not this be expected of someone someday? — the assistance you give me will bring you into very close touch with me, and next summer you must be pleased to let me come to you for three months at one of your estates, preferably in the Rhine district.

I will say no more just now. Only as regards the proposed loan I may say that it would be a great relief to me if you could place even six thousand francs at my disposal immediately; I hope then to be able to arrange to do without the other four thousand francs until March. But nothing but the immediate provision of the whole sum can give me the help which I so need in my present state of mind.

Let us see, then, and hope that the sun will for once shine a little on me. What I need now is a success; otherwise — I can probably do nothing more!

Yours,

Richard Wagner

이제 남작님께서 과연 그럴 수 있을 만한 분인지 지켜봐야겠습니다.

만약 저에게 도움이 되어 주신다면 — 누군가의 도움을 청하는 이런 일도 언젠가는 있을 수 있는 것 아닙니까? — 그 도움으로 인해 저와 남작님은 아주 가까운 사이가 되어 다음해 여름에는 남작님의 사유지 중 어느 곳에, 가급적이면 라인 지방의 별장에 3개월 동안 머물 수도 있을 것입니다.

이제 더 이상 말씀드리지 않겠습니다. 앞서 언급한 대부 건에 관하여는 6천 프랑을 제가 즉시 사용할 수 있도록 먼저 빌려주신다면 저에게는 커다란 도움이 될 것입니다.

그렇게 되면 3월달까지는 나머지 4천 프랑 없이도 그럭저럭 꾸려나갈 수 있으리라고 생각됩니다. 하지만 현재 저의 조급한 마음으로 볼 때 만 프랑 전부를 즉시 주시는 것보다 더 좋은 것은 없습니다.

이번에는 태양이 저에게도 따뜻한 햇살을 조금은 비쳐줄 것을 기대하고 있겠습니다. 제게 지금 필요한 것은 성공입니다. 그것을 얻지 못한다면 아마도 저는 더 이상 아무 것도 할 수 없을 것입니다.

리하르트 바그너

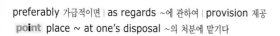

preferably 가급적이면 | as regards ~에 관하여 | provision 제공
point place ~ at one's disposal ~의 처분에 맡기다

83 Baron Robert von Hornstein to Richard Wagner

Dear Herr Wagner,

You seem to have a false idea of my riches. I have a modest (hübsch) fortune on which I can live in plain and decent style with my wife and child.

You must therefore turn to really rich people, of whom you have plenty among your patrons and patronesses all over Europe. I regret that I cannot be of service to you.

As for your long visit to "one of my estates," at present I cannot contrive a long visit; if it should become possible later I will let you know.

I have read in the papers with great regret that the production of "Tristan and Isolde" will not take place this winter. I hope that it is only a question of time, and that we shall yet hear the work. Greetings to you and your wife.

From yours,

Robert von Hornstein

로베르트 혼슈타인 남작이
리하르트 바그너에게

바그너 씨,

**당신은 나를 큰 부자로 오해하고 계신 듯 하군요.
나에게는 아내, 아이와 함께 남에게 신세지지 않으면서 평범하게
살아갈 정도의 재산밖에는 없습니다.**

그러니 당신은 정말로 부유한 사람을 찾아봐야 할 것입니다. 물론 유럽 전역에 흩어져 있는 당신의 후견인들 중에서 그런 사람을 어렵지 않게 찾을 수 있겠지요.

저로서는 도와드리지 못하는 것을 유감스럽게 생각합니다.

"나의 사유지 중 한 곳에" 오래 체류하고 싶다는 제안에 관하여는 현재는 그렇게 긴 기간 머물게 하실만한 여유가 없다는 것을 말씀드립니다.

나중에 가능해진다면 다시 알려드리겠습니다.

신문에서 "트리스탄과 이졸데"가 이번 겨울에 공연되지 못한다는 기사를 읽고 몹시 유감스럽게 생각하고 있습니다.

나중에라도 반드시 공연될 것을 바라며 감상할 수 있는 기회가 오기를 고대하겠습니다. 안녕히 계십시오. 그리고 부인께도 안부 전해 주십시오.

로베르트 혼슈타인

Herr (독어) ~씨 (영어의 Mr.에 해당) | riches 재산, 재물 | decent 남 보기 흉하지 않은, 품위를 잃지 않은
patron 후견인, 후원자 | patroness patron의 여성형 | of service 도움이 되는, 봉사하는 | as for ~에 관하여는
contrive 그럭저럭 ~하다 | take place (행사 등이) 개최되다, (사건 등이) 일어나다
point only a question of time 오직 시간의 문제, 즉 나중에라도 공연이 이루어질 것이라는 뜻

84 Friedrich Nietzsche to Richard Wagner(1)

In sending you this book, I place my secret in the hands of you and your noble wife with the greatest confidence and assume that is now your secret.

I wrote this book; in it I have revealed my innermost views upon men and things and for the first time, have traveled around the entire periphery of my thoughts.

This book was a great consolation to me at a period full of paroxysms and misery and it never disappointed me when all else failed to console me. I think it not improbable that I am still living just because I was able to write such a book.

I was obliged to resort to a pseudonym for several reasons; in the first place, because I did not wish to counteract the effect of my earlier works,

프리드리히 니이체가
리하르트 바그너에게(1)

이 책을 보내면서 당신과 고귀하신 부인께 나의 비밀을 털어놓습니다.

그리고 이제는 그것을 곧 두 분의 비밀로 생각해 주실 것을 굳게 믿습니다.

이 책을 쓴 사람은 바로 나입니다.

책에다 인간과 사물에 대한 나의 가장 내밀한 생각을 처음으로 밝혀 놓았으며 내 사고의 세계를 총망라하여 살펴보았습니다.

발작적인 감정의 폭발과 괴로움으로 가득 찼던 시기에 이 책은 나에게 커다란 위안을 주었으며 다른 모든 것이 나의 기대를 저버렸을 때에도 이 책은 결코 나를 실망시키지 않았습니다.

그런 훌륭한 책을 쓸 수 있었기 때문에 내가 아직 살아 있다 해도 지나치지 않을 것입니다.

내가 가명을 써야만 했던 것은 여러 가지 이유 때문입니다.

먼저, 나의 전작들이 미친 영향력을 훼손하고 싶지 않았기 때문입니다.

니이체 (1844~1900) : 독일의 철학자

assume 생각하다, 가정하다 | innermost 가장 깊은, 내밀한 | periphery 주위, 주변, 외주
consolation 위안 | paroxysm (감정의) 격발, 발작 | improbable 일어날 듯하지 않은, 정말 같지 않은
be obliged to ~할 수밖에 없다 | resort 의지하다, 호소하다 | pseudonym 가명
counteract 거스르다, 훼방하다, 반감하다

and secondly, because this was my only means of preventing a public and private befouling of my personal dignity (something I am *no longer* able to endure on account of the state of my health) and finally and chiefly,

because I wish to make possible a *scientific* discussion in which all of my intelligent friends could take part, unrestrained by any feelings of delicacy, as has hitherto been the case whenever I have published anything. No one will speak or write *against my name!*

두 번째로는 공적으로나 사적으로나 나의 개인적인 존엄성을 공격당하지 않을 수 있는 (건강상태로 볼 때 나는 더 이상 그것을 견뎌낼 수 없습니다) 유일한 방법이었기 때문입니다.

마지막으로 가장 중요한 이유는 나의 모든 지식인 친구들이 어떤 미묘한 감정에 구속됨 없이 자유롭게 참여하는 엄정하고 객관적인 토론이 이루어지기 바랬기 때문입니다.

지금까지는 어떤 글을 발표하더라도 그런 토론이 이루어질 수 없었습니다.

아무도 내 이름에 대항하여 비판하는 말을 하거나 글을 쓰려고 하지 않습니다.

means 수단 | befoul 더럽히다, 헐뜯다 | dignity 존엄성, 위엄 | endure 참다, 견디다 | on account of ~ 때문에 chiefly 주로, 대개 | take part in ~에 참여하다 | unrestrained 억제되지 않은, 자유로운 | delicacy 미묘함 hitherto 지금까지는, 여태까지는

85 Friedrich Nietzsche to Richard Wagner(2)

I know of no one of them who entertains the ideas expressed in *this* book and must confess to a great curiosity as to the counter arguments which such a book will provoke.

I feel very much like an officer who has stormed a breastwork despite his severe wounds; he has reached the *top* and unfurled his flag, and notwithstanding the terrifying spectacle by which he is surrounded, experiences much more joy than sorrow.

Although I know of no one who shares my views, as I have already said, I am conceited enough to think that I have not thought individually but collectively.

I have the most curious feeling of solitude and multitude; of being a herald who has hastened on in advance without knowing whether the band of knights is following or not — in fact, whether they are still living.

프리드리히 니이체가
리하르트 바그너에게(2)

그들 중에 이 책에 나타난 사상을 호의로 받아들일 사람은 아무도 없다는 것을 알고 있으며 이 책이 어떤 반론을 불러일으킬 것인가 무척 궁금하다는 것을 고백합니다.

내 기분은 마치 심한 부상을 입고도 흉벽을 향해 돌진하여 꼭대기에 올라서서 깃발을 펼치고 주변을 둘러싸고 있는 무시무시한 광경에도 불구하고 슬픔보다는 기쁨을 느끼는 군인과 같은 심정입니다.

나의 의견에 동감하는 사람은 찾지 못했지만, 이미 말씀드린 대로 나는 개별적인 사고가 아닌 집합적인 사고를 하고 있다고 생각할 만큼 자부심을 느끼고 있습니다.

나는 또한 군중 속에 있지만 혼자라는 아주 묘한 감정을 느끼고 있으며 한 무리의 기사들이 따라오고 있는지 아닌지 알지도 못한 채 — 사실은 그들이 아직도 살아 있는지도 모르는 채 — 홀로 앞장서 달려가는 전령과 같은 기분입니다.

counter argument 반론 | provoke 불러일으키다 | storm 돌격하다, 달려들다 | breastwork 흉벽
unfurl 펼치다 | terrifying 무시무시한 | conceited 자부심이 강한, 뽐내는 | collectively 집합적으로, 총괄적으로
solitude 고독 | multitude 군중, 다수 | herald 선구자, 전령 | in advance 앞서서, 미리
band 무리, 떼 | knight 기사

86 Charles Darwin to Alfred Russel Wallace

Down, February 26 (1867)

My dear Wallace, — Bates was quite right; you are the man to apply to in a difficulty. I never heard anything more ingenious than your suggestion, and I hope you may be able to prove it true.

That is a splendid fact about the white moths; it warms one's very blood to see a theory thus almost proved to be true.

With respect to the beauty of male butterflies, I must as yet think that it is due to sexual selection.

There is some evidence that dragonflies are attracted by bright colours; but what leads me to the above belief, is so many male Orthoptera and Cicadas having musical instruments.

This being the case, the analogy of birds makes me believe in sexual selection with respect to colour in insects. I wish I had strength and time to make some of the experiments suggested by you, but I thought butterflies would not pair in confinement.

I am sure I have heard of some such dlifficulty. Many years ago I had a dragonfly painted with gorgeous colours, but I never had an opportunity of fairly trying it.

찰스 다윈이 알프레드 러셀 월리스에게

1867년 2월 26일 다운

친애하는 월리스,

베이츠 생각이 옳았네. 자네는 어려울 때 기댈 수 있는 사람이야. 자네의 제언처럼 독창적인 이론은 한번도 들어 본적이 없으며 그것을 꼭 증명해낼 수 있기를 기대하네.

흰 나방에 관한 사실은 정말 대단하네.

이와 같이 거의 증명된 이론은 사람의 피를 끓게 하지.

수컷 나비의 아름다움에 대해서는 나는 아직은 그 이유가 성(性) 도태(淘汰) 때문이라고 생각할 수밖에 없네.

잠자리가 밝은 색깔을 좋아한다는 증거도 좀 있긴 하지만 내가 그렇게 믿게 된 이유는 아주 많은 수의 메뚜기들과 매미들이 소리를 내는 기관을 가지고 있기 때문일세.

사정이 이러하니 조류에서 유추하여 볼 때 곤충들이 색깔로 상대를 선택함을 믿게 되네.

자네가 제시한 실험 몇 가지를 해볼만한 능력과 시간이 있다면 좋겠네.

하지만 갇힌 상태에서는 나비들이 짝짓기를 하지 않을 것 같군.

누군가가 그렇게 말하는 걸 확실히 들었네.

수년 전에 형형색색의 아름다운 잠자리를 잡았었는데 그것을 시도해 볼만한 기회는 한번도 없었다네.

다윈(1809-1882) : 영국의 박물학자, 진화론의 창시자
월리스(1823-1913) : 영국의 생물학자

apply to ~에 의뢰하다, ~에 문의하다 | ingenious 독창적인, 재능 있는 | suggestion 제의, 제안
splendid 빛나는, 탁월한 | moth 나방 | warm one's blood ~의 피를 끓게 하다 | with respect to ~에 관하여는
be attracted by ~에 관심을 가지다, ~에 끌리다 | orthoptera 메뚜기목(目) | cicada 매미 | instrument 기구, 기관
analogy 유추, 유사 | pair 짝짓기 하다, 교미하다 | confinement 감금, 유폐
 point sexual selection 자웅도태, 성 도태 (생물의 암, 수컷이 상대를 선택할 때 색채, 행동, 울음소리 등의 상대를 끄는
특징에 의한다는 다윈의 학설)

The reason of my being so much interested just as present about sexual selection is, that I have almost resolved to publish a little essay on the origin of Mankind, and I still strongly think (though I failed to convince you, and this, to me, is the heaviest blow possible) that sexual selection has been the main agent in forming the races of man.

By the way, there is another subject which I shall introduce in my essay, namely, expression of countenance. Now, do you happen to know by any odd chance a very good-natured and acute observer in the Malay Archipelago, who you think would make a few easy observations for me on the expression of the Malays when excited by various emotions?

For in this case I would send to such person a list of queries. I thank you for your most interesting letter, and remain,

Yours very sincerely,

Ch. Darwin

성 도태 문제에 내가 지금처럼 깊이 관심을 가지는 이유는 인류의 기원에 대한 글을 하나 발표할 결심을 거의 굳혔는데 (자네를 설득하는 데는 실패했고 그 사실이야말로 나에겐 가장 큰 타격이었네만) 나는 아직도 성 도태야말로 인종 형성의 주요한 요인이라고 굳게 믿고 있네.

그건 그렇고, 논문에 소개할 또 하나의 주제가 있는데 바로 표정 발현의 문제일세.

자네 혹시 말레이 군도에서 말레이 사람들이 다양한 감정에 따라 어떤 표정을 짓는지 관찰하여 나에게 전해줄 수 있는 선량하고 예리한 눈을 가진 관찰자를 알고 있는가?

그런 사람을 구할 수 있다면 그에게 여러 가지 질문이 적힌 질문서를 보내주겠네.

자네가 보내준 흥미 있는 편지 고맙네.

자네의 충실한 친구,

Ch. 다윈

---

be resolved to ~하기로 결심하다 | publish 발표하다, 출판하다 | essay 평론, 소론(小論)
origin 기원(起源) | convince 설득하다, 확신을 주다 | blow 타격 | agent 동인, 요인 | race 인종
countenance 표정, 안색 | by any odd chance 만일, 혹시나 | good-natured 선량한, 마음씨 좋은
acute 예리한 | the Malay Archipelago 말레이 군도 | query 질문

87 Emily Dickinson to Colonel Thomas Wentworth Higginson

August 1870

Truth is such a rare thing, it is delightful to tell it.

I find ecstasy in living; the mere sense of living is joy enough.

How do most people live without any thoughts?

There are many people in the world, — you must have noticed them in the street, — how do they live? How do they get strength to put on their clothes in the morning?

If I read a book and it makes my whole body so cold no fire can ever warm me, I know that is poetry.

If I feel physically as if the top of my head were taken off, I know that is poetry. These are the only ways I know it. Is there any other way?

에밀리 디킨슨이 토마스 웬트워스 히긴슨 대령에게

1870년 8월

　진실이란 너무나 흔치 않은 것이기에 진실을 말한다는 건 기분 좋은 일이죠.
저는 삶에 희열을 느낍니다. 살아 있다는 느낌만으로도 충분히 기쁩니다.

　세상에는 많은 사람들이 있는데 — 길에 나가보면 알 수 있듯이 — 그 사람들은 어떻게 살아가지요? 아침에 옷을 입을 힘을 어떻게 얻나요?

　내가 어떤 책을 읽었는데 그 책이 내 온 몸을 싸늘하게 식혀서 어떤 열기도 나를 따듯하게 할 수 없다면 그 책은 바로 시집이랍니다.

　마치 실제로 내 머리 꼭대기가 달아난 듯이 느껴지게 하는 건 바로 시랍니다.
나를 그렇게 만들 수 있는 것은 그것뿐이에요. 다른 방법이 또 있나요?

에밀리 디킨슨(1830-1886) : 미국의 여류시인
히긴슨(1823-1911) : 미국의 개혁가

colonel 대령 ǀ rare 흔치 않은, 보기 드문 ǀ ecstasy 희열, 황홀함 ǀ mere 단순한
notice 알아차리다 ǀ put on (옷을) 입다 ǀ physically 물리적으로, 실제적으로, 육체적으로 ǀ take off 떼어내다

88 Sarah Bernhardt to Victorien Sardou

(undated)

Wonderful Boy,

Where are you tonight? Your letter came only an hour ago — cruel hour — I had hoped you would spend it with me here.

Paris is a morgue without you: before I knew you, it was Paris, and I thought it heaven; but now it is a vast desert of desolation and loneliness. It is like the face of a clock, bereft of its hands.

All the pictures that hung in my memory before I knew you have faded and given place to our radiant moments together.

Now I cannot live apart from you — your words, even though bitter — dispel all the cares of the world and make me happy; my art has been suckled by them and softly rocked in their tender cradle; they are as necessary to me now as sunlight and air. I am as hungry for them as for food. I am thirsty for them, and my thirst is overwhelming. *Your words are my food, your breath my wine. You are everything to me.*

Your Sarah

사라 베르나르가
빅토리앙 사르두에게

(날짜 없음)

사랑하는 그대에게.

오늘밤 어디에 있나요? 당신의 편지가 한 시간 전에 도착했어요.

잔인한 시간이었죠, 당신이 나와 함께 여기에 있기를 바랐었는데.

당신이 없는 파리는 무덤 속 같아요. 당신을 알기 전에는 파리가 천국인줄 알았었죠. 하지만 지금은 황량하고 적막한 광대한 사막이에요.

꼭 바늘을 다 빼버린 시계 같아요.

당신을 알기 전에 내 기억의 전당에 걸려 있던 그림들은 모두 희미해져 버리고 대신 우리가 함께 했던 빛나는 순간들이 그것들을 대신하고 있지요.

이제 당신과 떨어져서는 살 수 없어요. 당신이 하는 말들은 (신랄할 때조차) 세상의 모든 근심걱정을 쫓아버리고 날 행복하게 해요.

나의 예술은 당신의 언어를 먹고 자라나고 그 아늑한 요람에 안겨 부드럽게 흔들리지요. 이제 나에게는 햇빛과 공기만큼이나 꼭 필요한 거랍니다.

난 배가 고픈 것처럼 당신의 말이 듣고파요.

그 말이 마시고 싶어 목이 마르고 그 목마름은 정말 견딜 수 없어요.

당신의 말은 내겐 음식이고 당신의 숨결은 포도주랍니다.
당신은 나의 모든 것이에요.

당신의 사라

베르나르(1844-1923) : 프랑스의 여류 연극배우
사르두(1831-1908) : 프랑스의 극작가

morgue 시체 공시소, 음침한 곳 | desolation 황량함, 처량함
bereave-bereft-bereft 빼앗아가다, 잃게 하다 | give place to ~에 자리를 내어주다 | radiant 찬란한, 빛나는
dispel 쫓아버리다, 없애다 | suckle 젖을 먹이다, 양육하다, 기르다 | rock 흔들다
overwhelming 거역할 수 없는, 압도적인

89 Mme von Meck to Piotr Ilyich Tchaikovsky

Brailov

Sept.26, 1879

Friday at 8 A. M.

How sorry I am, my dearest, that you feel so badly in Petersburg, but — forgive me — I am glad you are homesick for Brailov. I doubt if you could ever understand how jealous I am of you, in spite of the absence of personal contact between us. Do you know that I am jealous in the most unpardonable way, as a woman is jealous of the man she loves?

Do you know that when you married it was terribly hard for me, as though something had broken in my heart? The thought that you were near that woman was bitter and unbearable.

And do you know what a wicked person I am? I rejoiced when You were unhappy with her! I reproached myself for that feeling. I don't think I betrayed myself in any way, and yet I could not destroy my feelings. They are something a person does not order.

메크 부인이 피요트르 일리치 차이코프스키에게

1879년 9월 26일 금요일 오전 8시
브레일로브

　페테르부르크에서 잘 지내고 있지 못하다니 정말 마음이 아파요.

　하지만 브레일로브를 그리워하고 있다니 한편으론 기쁘군요(날 용서해요).

　우리가 직접 만난 적이 없음에도 불구하고 내가 얼마나 당신을 질투하고 있는지 아마 절대 이해할 수 없을 거예요.

　게다가 나의 질투심은 여자가 사랑하는 남자에게 느끼는 것과 같은 그런 가장 저속한 질투심이라는 걸 알고 있나요?

　당신이 결혼했을 때 내 마음속의 소중한 보물이 산산이 부서져버린 것처럼 정말로 견디기 힘들었던 것을 알고 있나요? 당신이 그 여자 곁에 있다는 생각은 정말 참을 수 없었어요.

　그리고 내가 얼마나 나쁜 사람인지 알고 있나요?

　당신이 그 여자 곁에서 행복하지 못하다는 것을 알고 얼마나 기뻤던지!

　그런 생각을 한 나 자신을 몹시 책망했었죠.

　그런 나의 감정을 어떤 식으로든 드러낸 적은 없지만, 그 생각을 완전히 지울 수도 없었어요. 사람의 힘으로는 어쩔 수 없는 감정이에요.

차이코프스키(1840-1893) : 러시아의 음악가

Mme 부인 (=Madame) | in spite of ~에 불구하고 | absence 없음, 결석
unpardonable 용서할 수 없는 | as though 마치 ~처럼 (=as if) | wicked 사악한, 못된
reproach 책망하다, 비난하다 | betray oneself 무심코 본성(비밀)을 드러내다
point jealous of ~를 시샘하는, ~를 질투하는

I hated that woman because she did not make you happy, but I would have hated her a hundred times more if you had been happy with her. I thought she had robbed me of what should be mine only, what is my right, because I love you more than anyone and value you above everything in the world.

If this knowledge bothers you, forgive my involuntary confession. I have spoken out. The reason is, the symphony. But I believe it is better for you to know that I am not such an idealistic person as you think. And then, it cannot change anything in our relationship. I don't want any change. I should like to be sure that nothing will be changed as my life draws to its close, that nobody.... But that I have no right to say. Forgive me and forget all I have said — my mind is upset.

Forgive me, please, and realize that I feel well and that I am in need of nothing. Good-by, dear friend; forget this letter, but do not forget your heartily loving,

N. von Meck

P.S. Would you mind, please, acknowledging the receipt of this letter?

당신을 행복하게 해주지 못하는 그 여자를 나는 미워했어요.

하지만 만약 당신을 행복하게 해주었더라면 아마 백배는 더 미워했을 거예요.

그 누구보다 당신을 사랑하고 있고 세상 그 무엇보다 소중히 여기고 있기 때문에 나는 그 여자가 내 것이어야 할 당신을, 내 권리를 빼앗아갔다고 생각했어요.

나의 이런 생각이 당신을 괴롭게 한다면 나의 이 본의 아닌 고백을 용서해 주세요.

말해 버리고 말았군요. 이유는 교향곡 때문이에요.

하지만 나는 당신이 생각하는 것처럼 그런 이상적인 여자가 아니라는 것을 알아야 한다고 생각해요.

그래도 우리 관계를 변화시킬 수는 없겠죠. 나는 어떤 변화도 원하지 않아요.

내 인생이 끝날 때까지 아무 것도 변하지 않을 거라고 믿고 싶어요...

하지만 내가 말할 권리는 없죠. 날 용서하고 내가 한 모든 말을 용서해요.

마음이 혼란스러워요.

제발 용서해주세요.

그리고 난 잘 지내고 있고 아무것도 부족하지 않다는 걸 알아주세요.

안녕, 나의 친구여, 이 편지 잊어버려요. 하지만 당신을 진심으로 사랑하는 나는 잊지 마세요.

N. 메크

추신. 이 편지를 받았다는 회신을 해 주시겠어요?

---

involuntary 본의 아닌, 무의식적인 | speak out 말해버리다, 터놓고 말하다 | idealistic 이상적인 | close 종결, 끝 upset 혼란스러운, 당혹스러운 | in need of ~이 필요한, ~이 없는 | acknowledge (편지 등을) 받았음을 알리다 receipt 수령, 받음

point symphony 교향곡 (여기서는 차이코프스키의 4번 교향곡을 지칭함)

90 Piotr Ilyich Tchaikovsky to Mme von Meck

Grankino

Oct. 10, 1879

It is impossible to say how glad I was to see your hand-writing and to know we were again in communication.

Jurgenson forgot to tell me that the piano arrangement of our symphony had at last been published, so your letter was the first news I had of it. I am tremendously elated that you are satisfied with the arrangement, which in truth is well and skillfully done.

As for the music itself, I knew beforehand that you would like it; how could it have been otherwise? I wrote it with you constantly in mind.

At that time, I was not nearly so intimate with you as now, but already I sensed vaguely that no one in the world could respond more keenly to the deepest and most secret gropings of my soul.

피요트르 일리치 차이코프스키가 메크 부인에게

1879년 10월 10일
그랑키노

당신이 손수 쓴 편지를 받을 수 있게 되어서, 또 우리가 다시 편지를 주고 받게 되었다는 것을 알게 되어서 얼마나 기쁜지 도저히 말로는 표현할 수 없습니다.

우리의 교향곡을 피아노곡으로 편곡한 작품이 마침내 출판되었다는 것을 주르젠슨이 깜박 잊고 말해 주지 않아서 당신의 편지를 통해서 처음으로 알 수 있었습니다.

편곡이 마음에 든다니 기운이 샘솟는 것 같습니다.

사실 정말 솜씨 있게 잘 만들어졌다고 할 수 있지요.

음악 자체만 놓고 볼 때 나는 당신이 그것을 좋아하리라는 것을 미리 알고 있었습니다. 어떻게 싫어할 수가 있겠습니까?

나는 항상 내 마음속에 있는 당신과 함께 그 곡을 만들었습니다.

그 당시에는 지금처럼 당신과 친밀하지는 않았지만 내 영혼의 가장 내밀하고 비밀스러운 탐색에 당신보다 더 예민하게 반응하는 사람은 이 세상에 하나도 없으리라는 것을 이미 내 마음속에 어렴풋이 예감하고 있었습니다.

---

handwriting 필체, 필적, 육필 | in communication 연락하는, 통신하는 | arrangement 편곡
tremendously 엄청나게, 굉장히 | elate 기운을 북돋아 주다, 우쭐대게 하다 | beforehand 미리, 앞질러
otherwise 다르게, 그렇지 않게 | vaguely 희미하게, 어렴풋이 | keenly 날카롭게, 예리하게, 열렬하게
groping 탐색, 모색, 더듬어 찾음

No musical dedication has ever been more seriously meant. It was spoken not only on my part but on yours; the symphony was not, in truth, mine but ours.

Forever it will remain my favorite work, as the monument of a time when upon a deep, insidiously growing mental disease, upon a whole series of unbearable sufferings, grief and despair,

suddenly, hope dawned and the sun of happiness began to shine — and that sun was embodied in the person to whom the symphony was dedicated.

I tremble to think what might have happened if fate had not sent you to me.

I owe you everything: Life, the chance to pursue freedom — that hitherto unattainable ambition, and such abundance of good fortune as had never occurred to me even in dreams.

I read your letter with gratitude and love too strong for expression in any medium but music. May I be able some time to express it thus!

전에는 이렇게 진지하게 내 마음속에서 우러나와 음악을 바쳐 본적이 없습니다. 거기에 나뿐만 아니라 당신도 참여한 것입니다. **교향곡은 사실상 내 것이 아니라 우리들의 것이기도 하지요.**

내 안 깊은 곳에서 나도 모르는 사이에 커져 가던 마음의 병에, 계속되는 참을 수 없는 고통과 슬픔, 절망 위에 갑자기 희망이 나타나기 시작하고 행복을 가져다주는 태양이 그 빛을 비추기 시작한 그 때를 기념하는 작품으로(그 태양은 교향곡을 헌정받은 그 사람의 모습으로 나타났습니다) 그것은 언제나 나의 사랑을 받는 작품으로 남아있게 될 것입니다.

만약 운명의 신이 당신을 내게로 보내주지 않았더라면 어떻게 되었을지 상상만 해도 끔찍합니다.

모든 것이 당신 덕분입니다. 인생, 지금까지는 이루어질 수 없는 소망이었던 자유를 추구할 수 있는 기회, 그리고 꿈조차 꿔보지 못했을 정도로 커다란 행운까지 말입니다.

당신의 편지를 읽으며 음악 외에는 그 어떤 것으로도 표현할 수 없을 정도로 강렬한 감사와 애정을 느꼈습니다. 언젠가는 그것을 표현할 수 있게 되길 바랍니다!

dedication 바침, 헌납, 헌신 | on one's part ~에 의한, ~가 한 | monument 기념물, 기념품 insidiously 모르는 사이에, 드러나지 않게 | mental 마음의, 정신적인 | dawn 나타나기 시작하다 embody 구체화하다, 구현하다, 구체적으로 나타나다 | dedicate 헌납하다, 바치다 | tremble 전율하다, 떨다 hitherto 지금까지는, 여태까지는 | unattainable 얻을 수 없는, 성취하기 어려운 | abundance 풍부, 다량 medium 수단, 매개체

Dear friend, may you keep well. I wish it for you more than for myself. Reading how our symphony caused you sleepless nights, I felt my heart constricted.

I want my music henceforth to be a source of joy and consolation, and with all my strength I desire for you a spirit well and calm.

Yours,
P. Tchaikovsky

친구여, 잘 지내십시오. 나는 나 자신보다 당신의 안위를 더 바라고 있습니다.
우리의 교향곡이 당신을 잠 못 이루게 했다는 것을 읽고 심장이 죄어드는 것 같았습니다.
이제부터는 내 음악이 당신에게 기쁨과 위안의 근원이 될 수 있기를 바랍니다.
당신의 영혼이 평온하기를 진심으로 소망하며

당신의 P. 차이코프스키

constrict 압축하다, 죄다, 억제하다 | henceforth 이제부터는, 앞으로는

91 Marie Bashkirtseff to Guy de Maupassant

Monsieur:

I read your works, I might almost say, with delight.

In truth to nature, which you copy with religious fidelity, you find an inspiration that is truly sublime, while you move your readers by touches of feeling so profoundly human, that we fancy we see ourselves depicted in your pages, and love you with an egotistical love.

Is this an unmeaning compliment? Be indulgent, it is sincere in the main.

You will understand that I should like to say many fine and striking things to you, but it is rather difficult, all at once, in this way.

I regret this all the more as you are sufficiently great to inspire one with romantic dreams of becoming the confidante of your beautiful soul, always supposing your soul to be beautiful.

마리 바쉬커세프가 기 드 모파상에게

선생님:

　선생님의 작품을 흥미있게 읽었다고 말할 수 있을 것 같군요.

　종교적이라고까지 할 수 있는 성실함으로 본질적 세계를 충실하게 묘사함으로서 선생님은 진정으로 승화된 영감을 발견하는 한편, 몹시도 인간적인 감정을 독자들에게 불러일으켜 책을 읽는 우리들은 선생님의 책 속에 우리들의 모습이 그려져 있는 듯 착각하고 선생님을 각자 자기식대로 사랑하게 됩니다.

　제 찬사에 별 의미가 없다고 생각하시나요? 제발 받아들여주세요.

　대체로 진실한 찬사랍니다.

　선생님에 대한 여러 가지 듣기 좋고 놀랄만한 이야기들을 하고 싶지만 갑자기 편지로 그런 것들을 표현하기가 어렵게 느껴지는군요.

　선생님의 뛰어난 능력은 독자로 하여금 선생님의 아름다운 영혼의 절친한 친구가 되는 로맨틱한 꿈을 꾸게 하고 그 영혼이 항상 아름답다고 느끼게 만들 정도인데 제 표현이 그에 미치지 못하니 정말 안타깝습니다.

모파상(1860-1884) : 프랑스의 작가

with delight 기쁘게, 흥미 있게 | truth to nature 사실(寫實)성 | copy 모사하다, 그대로 그리다 | fidelity 충실, 성실
inspiration 영감 | sublime 승화된, 이상화된 | profoundly 깊이, 몹시 | fancy 상상하다, 공상하다
depict 묘사하다, 서술하다 | egotistical 자기 중심의, 이기적인 | unmeaning 무의미한, 부질없는
compliment 찬사, 칭찬 | indulgent 관대한 | in the main 대체로 | should(would) like to ~하고 싶다
striking 놀라운, 현저한 | all at once 갑자기(=suddenly) | inspire 불러일으키다, 영감을 주다
point confidante confidant (비밀을 털어놓는 절친한 친구)의 여성형

If your soul is not beautiful, and if "those things are not in your line," I shall regret it for your sake, in the first place; and in the next I shall set you down in my mind as a maker of literature, and dismiss the matter from my thoughts.

For a year past I have had the wish to write to you and was many times on the point of doing so, but — sometimes I thought I exaggerated your merits and that it was not worthwhile.

Two days ago, however, I saw suddenly, in the *Gaulois*, that someone had honored you with a flattering epistle and that you had inquired the address of this amiable person in order to answer him. I at once became jealous, your literary merits dazzled me anew and — here is my letter.

And now let me say that I shall always preserve my incognito for you. I do not even desire to see you from a distance — your countenance might not please me — who can tell? All I know of you now is that you are young and that you are not married, two essential points, even for a distant adoration.

만약 선생님의 영혼이 아름답지 못하고 또 "선생님의 글 속에 그런 능력들이 없다면" 저는 우선은 선생님 자신을 위하여 안타깝게 생각하고, 그 다음에는 내 마음속에서 선생님을 그저 한 작가로 격하시키고 선생님 생각을 잊어버리게 될 거예요.

지난 일년 동안 선생님께 편지를 쓰고 싶다고 생각해 왔고 실제로 여러 번 편지를 쓸 뻔했지만 때때로 내가 선생님의 재능을 너무 과대평가하고 있는 게 아닌가, 편지를 쓸 만한 가치가 없는 게 아닌가 하는 생각이 들었습니다.

그런데 이틀 전에 〈가울로스(갈리아인)〉에서 어떤 독자가 선생님을 추켜세우는 편지를 썼고 선생님께서 답장을 쓰기 위해 그 사람의 주소를 물으셨다는 것을 읽게 되었답니다. 저는 그 즉시 질투심을 느끼게 되었고 선생님의 문학적인 재능도 새롭게 저를 사로잡았지요. 그래서 이 편지를 받게 되신 거구요.

저는 앞으로도 계속 제 신분을 밝히지 않으려고 합니다.

선생님을 멀리에서라도 뵙고 싶지 않아요. 선생님의 용모에 제가 실망하게 될지도 모르지요 — 그걸 누가 알겠어요?

제가 선생님에 대해 아는 것이라고는 젊고 결혼하지 않으셨다는 것밖엔 없어요. (그 두 가지는 멀리 떨어져 있는 숭배자에게도 대단히 중요한 사항들이죠)

---

for one's sake ~을 위하여 | in the first place 첫째로, 우선 | set down 내려놓다, 낮추다 dismiss (생각을) 버리다, 내몰다 | on the point of ~하려는 순간에, 바야흐로 ~하려고 하여 exaggerate 과장하다, 부풀리다 | merit 장점, 가치 | worthwhile 할 보람이 있는, 상당한, 훌륭한 Gaulois 프랑스의 잡지 | flattering 아첨하는 | epistle 서간, 편지 | amiable 상냥한, 다정한 at once 즉시 | dazzle 눈부시게 하다, 사로잡다 | anew 새로이 | incognito 익명의, 신분을 숨긴 countenance 용모 | adoration 동경, 사모

But I must tell you that I am charming; this sweet reflection will stimulate you to answer my letter.

It seems to me that if I were a man I should wish to hold no communication, not even an epistolary one, with an old fright of an Englishwoman, whatever might be thought by

Miss Hustings
P.O. Station of the Madeleine

　　하지만 제가 매력적이라는 것은 말씀드려야 할 것 같군요. 이런 힌트를 드리면 저
에게 답장해 주실 생각이 들겠지요.
　　제가 남자라면 상대가 어떻게 생각하든지 늙고 보기 흉한 영국
여인과는 편지조차 주고받고 싶지 않을 것 같은데요.

Miss 해스팅스
마델레인 우체국

---

reflection 생각, 의견 | stimulate 자극하다 | epistolary 편지에 의한 | fright 보기 흉한 사람 | P.O. (=post office)

92 William James to His Students

Cambridge, Apr. 6, 1896.

Dear young ladies, — I am deeply touched by your remembrance. It is the first time anyone ever treated me so kindly, so you may well believe that the impression on the heart of the lonely sufferer will be even more durable than the impression on your minds of all the teachings of Philosophy 2A.

I now perceive one immense omission in my Psychology, — the deepest principle of Human Nature is the *craving to be appreciated,* and I left it out altogether from the book, because I had never had it gratified till now.

I fear you have let loose a demon in me, and that all my actions will now be for the sake of such rewards. However, I will try to be faithful to this one unique and beautiful azalea tree, the pride of my life and delight of my existence.

Winter and summer will I tend and water it — even with my tears. Mrs. James shall never go near it or touch it. If it dies, I will die too; and if I die, it shall be planted on my grave.

윌리엄 제임스가 그의 학생들에게

1896년 4월 6일 케임브리지

잘 지내나요, 아가씨들.

나에게 선물해 준 기념 선물을 받고 내가 얼마나 감동했는지 모를 겁니다.

이런 친절한 대접을 받아보기는 처음이라서 아마 철학 2A 과목에 대한 기억은 여러분의 마음속보다 이 고독한 사람의 가슴속에 더욱 인상 깊게 오래도록 간직될 것입니다.

지금에야 깨달은 것은 내 〈심리학〉책에 한 가지 아주 중요한 사항이 빠져 있다는 것인데, 그것은 바로 인간 본성의 가장 본질적인 원동력은 인정받고 싶다는 욕망이라는 점입니다.

내가 그 점을 책에 전혀 언급하지 않은 이유는 지금까지 나의 그런 욕망이 한번도 충족된 적이 없기 때문인 것 같습니다.

여러분이 내 마음속에 잠재되었던 악마를 풀어놓아서 이제부터 나의 모든 행동이 그런 보상을 얻기 위한 행동이 될 것 같아 두렵군요.

하지만 내 인생의 자랑거리이자 내 존재의 기쁨인 이 독특하고 아름다운 진달래 나무에는 정성을 쏟을 겁니다.

여름과 겨울에 물을 주고 — 내 눈물로라도 — 잘 돌봐줄 겁니다.

아내는 가까이 가지도 못하게 하고, 손도 못 대게 할 겁니다. 만약 나무가 죽으면 나도 죽을 거고, 만약 내가 먼저 죽으면 나무는 내 무덤에 심게 할 겁니다.

윌리엄 제임스 (1842-1910) : 미국의 심리학자, 철학자

remembrance 기념품, 기념물 | may well ~하는 것이 당연하다, ~해도 무방하다 | perceive 인식하다, 지각하다
immense 거대한, 막대한 | omission 생략, 빠뜨림 | human nature 인간의 본성 | craving 욕망, 갈망
be appreciated 인정받다 | left out 빼놓다 | altogether 전적으로 | gratify 충족시키다, 만족시키다
let loose 풀어주다, 분출시키다 | demon 악마 | azalea 진달래 | tend 돌보다
point be deeply touched by ~에 깊이 감동되다

Don't take all this too jocosely, but believe in the extreme pleasure you have caused me, and in the affectionate feelings with which I am and shall always be faithfully your friend,

Wm. James

다 농담으로만 생각하지 말고 여러분이 나에게 커다란 기쁨을 주었다는 것과 내가 항상 여러분을 아끼는 친구로 남아 있을 것을 믿어주십시오.

Wm. 제임스

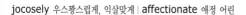
jocosely 우스꽝스럽게, 익살맞게 | affectionate 애정 어린

93 Émile Zola to the President of the French Republic(1)

(January, 1898)

Mr. President:

Permit me, I beg you, in return for the gracious favors you once accorded me, to be concerned with regard to your just glory and to tell you that your record, so fair and fortunate thus far, is now threatened with the most shameful, the most ineffaceable blot.

You escaped safe and sane from the basest calumnies; you conquered all hearts. You seem radiant in the glory of a patriotic celebration ... and are preparing to preside over the solemn triumph of our Universal Exposition, which is to crown our great century of work, truth and liberty.

But what a clod of mud is flung upon your name — I was about to say your reign — through this abominable Dreyfus affair.

A court-martial has but recently, by order, dared to acquit one, Esterhazy — a supreme slap at all truth, all justice!

에밀 졸라가 프랑스 공화국 대통령에게(1)

(1898년 1월)

대통령 각하:

각하께 받은 은혜에 보답하고자 지금까지 높은 평가를 받아온 각하의 경력이 지금 가장 수치스럽고 절대 지울 수 없는 오점에 더럽혀지려 하고 있다는 것을 진심으로 각하를 염려하는 마음에서 말씀드리려고 하니 제발 물리치지 말고 들어주십시오.

대통령께선 가장 비열한 중상모략도 무사히 물리치면서 모든 사람들의 마음을 사로잡았습니다.

그리고 애국심을 고취하는 축제의 영광 속에 빛을 발하고... 또한 진리와 자유의 위대한 현 세기를 빛낼 만국 박람회를 성공적으로 개최하기 위하여 준비하고 계십니다.

그러나 더러운 진흙 한 덩어리가 각하의 이름에 — 각하의 통치권에 — 던져져 온통 엉망을 만들고 있습니다.

그건 바로 저 재앙과도 같은 드레퓌스 사건 때문입니다.

최근에 한 군법회의는 에스테라지에게 무죄를 선고하는 말도 안 되는 판결을 내렸습니다. 진리와 공의에 대한 일대 도전이라 아니할 수 없습니다!

물은 이미 엎질러졌고 프랑스의 얼굴에 씻을 수 없는 오점을 남긴 것입니다.

각하의 임기 중에 그런 사회적인 범죄가 저질러질 수 있었다고 역사는 증언할 것입니다.

에밀 졸라(1840-1902) : 프랑스의 작가

in return for ~에 대한 보답으로 | thus far 지금까지는 | ineffaceable 지울 수 없는 | base 비열한
calumny 비방, 중상 | radiant 빛나는, 찬란한 | patriotic 애국적인 | preside over ~을 주재하다, 통솔하다
solemn 장엄한, 신성한 | Universal Exposition 만국 박람회, 세계 박람회 | crown 영예롭게 하다, 관을 씌우다
fling-flung-flung 내던지다, 팽개치다 | reign 통치권, 통치 | abominable 혐오스러운, 언어도단의
court-martial 군법회의 | acquit 무죄를 선고하다, 방면하다 | Esterhazy 드레퓌스 사건의 진범
slap 모욕, 비난, 찰싹 때림
point Dreyfus affair 드레퓌스 사건 (알프레드 드레퓌스가 불충분하고 날조된 증거로 억울하게 군법회의에서
유죄판결을 받은 데서 시작된 사건으로 후에 계속해서 사회적으로 커다란 논란을 일으킴)

And it is done; France has this brand upon her visage; history will relate that it was during your administration that such a social crime could be committed.

Since they have dared, I too shall dare. I shall tell the truth because I pledged myself to tell it if justice, regularly empowered did not do so, fully, unmitigatedly.

My duty is to speak; I have no wish to be an accomplice. My nights would be haunted by the spectre of the innocent being, expiating under the most frightful torture, a crime he never committed. And it is to you, Mr. President, that I shall out this truth, with all the force of my revolt as an honest man. To your honor, I am convinced that you are ignorant of the crime.

And to whom, then, shall I denounce the malignant rabble of true culprits, if not to you, the highest magistrate in the country? … I accuse Colonel du Paty de Clam of having been the diabolical agent of the judicial error, unconsciously, I prefer to believe, and of having continued to defend his deadly work during the past three years through the most absurd and revolting machinations.

그들이 감히 그런 짓을 저질렀으니 저도 감히 나서서 말해야겠습니다.

공적으로 권한을 부여받은 사법적 정의가 온전한 진실을 말하지 않는다면 나라도 그리하겠다고 나 자신에게 맹세했으므로 이제 진실을 말하려고 합니다.

말하는 것이 저의 의무입니다. 저는 공범자가 될 생각은 전혀 없습니다.

극심한 고문에 못 이겨 짓지도 않은 죄를 자백하는 무고한 사람의 망령에 밤마다 시달릴 수는 없습니다.

그리고 제가 불의에 맞서는 의지의 힘과 정직한 마음으로 이런 진실을 말씀드릴 수 있는 사람은 바로 대통령 각하이십니다.

각하를 존경하고 있는 저는 각하께서 이런 범죄행위에 대하여 모르고 계시리라 확신 합니다. 그러니 제가 악의에 가득한 진짜 죄인들을 이 나라의 원수이신 각하 말고 누구에게 고발하겠습니까?...

파티 드 클램 대령은 본의 아니게(저는 그렇게 믿고 싶습니다) 사법적으로 잘못된 판결을 내리게 되었고 자신의 중대한 잘못을 덮어두기 위해 지난 3년 동안 계속해서 가장 어리석고도 혐오스러운 음모를 획책해 왔으므로 그를 고발하는 바입니다.

---

brand 낙인, 오명 | visage 얼굴, 용모 | during one's administration ~의 임기 중에
pledged oneself to ~하기로 맹세하다 | empowered 권한을 받은, ~할 능력을 받은
unmitigatedly 온전히, 진짜로 | accomplice 공범자 | be haunted by (생각 등이) 늘 따라다니다, ~에 시달리다
spectre 망령, 유령 | expiate 속죄하다, 죄를 갚다 | revolt 반감, 불쾌함
to one's honor ~의 명예가 되어, ~의 체면이 서게 되어 | denounce 비난하다, 탄핵하다 | malignant 악의가 있는
rabble 오합지졸, 어중이떠중이 | culprit 범죄자 | the highest magistrate 원수, 대통령
de (불어) 귀족의 성 앞에 붙이는 말 | diabolical 악마적인, 극악무도한 | deadly 치명적인, 심한
absurd 어리석은, 부조리한 | machination 음모, 책략

94 Émile Zola to the President of the French Republic(2)

...

I accuse, lastly, the first court-martial of having violated all human right in condemning a prisoner on testimony kept secret from him, and I accuse the second court-martial of having covered up this illegality by order, committing in turn the judicial crime of acquitting a guilty man with full knowledge of his guilt.

In making these accusations I am aware that I render myself liable to articles 30 and 31 of Libel Laws of July 29, 1881, which punish acts of defamation. I expose myself voluntarily.

As to the men I accuse, I do not know them, I have never seen them, I feel neither resentment nor hatred against them. For me they are only entities, emblems of social malfeasance. The action I take here is simply a revolutionary step designed to hasten the explosion of truth and justice.

I have one passion only, for light, in the name of humanity which has borne so much and has a right to happiness. My burning protest is only the cry of my soul.

에밀 졸라가 프랑스 공화국 대통령에게(2)

...

　　마지막으로 피고인이 알지 못하는 증언에 의거하여 그에게 유죄판결을 내림으로써 인권을 침해한 1심 군법회의의 판결을 고발합니다.

　　그리고 다음으로 2심 군법회의는 이런 위법행위를 은폐하기 위하여 진범에게 죄가 있음을 확실히 알면서도 그에게 무죄판결을 내리는 사법적 잘못을 저질렀습니다.

　　이런 비난을 함에 있어서 제 자신이 중상 모략적 행위를 처벌하는 1881년 7월 29일 제정된 명예훼손에 관한 법률 제 30조와 31조를 위반할 수도 있음을 잘 알고 있습니다.

　　저는 기꺼이 그 위험을 감수하겠습니다.

　　제가 고발하는 사람들을 저는 알지 못하거니와 한번도 만난 적이 없습니다.

　　개인적으로는 그들에게 어떤 분노나 증오의 감정도 느끼지 않습니다.

　　저에게 그들은 단지 사회적 범죄자의 전형과 상징일 뿐입니다.

　　제가 취한 행동은 진리와 공의를 서둘러 실현하기 위한 변혁의 발걸음일 뿐입니다.

　　지금까지 너무나 많은 괴로움을 견뎌왔고 행복해질 권리가 있는 인류의 이름으로 제가 원하는 것은 단 한가지, 빛입니다.

　　저의 이 강력한 항의는 제 영혼의 외침입니다.

---

violate 침범하다, 침해하다 | condemn 유죄판결을 내리다 | illegality 불법 행위 | in turn 차례로, 번갈아
with full knowledge of 전부 알면서 | make accusation 고발하다 | render ~이 되게 하다, 하게 하다
liable to ~을 면할 수 없는, 자칫하면 ~하게 되는 | article (법률) 조항 | libel 문서에 의한 비방의, 명예 훼손의
defamation 중상, 비방 | voluntarily 자발적으로, 기꺼이 | resentment 분노 | hatred 적의, 증오
entity 실제, 실체 | emblem 상징, 표상 | malfeasance 불법행위자
in the name of ~을 대신하여, ~의 이름으로 | bear-bore-borne 참다, 견디다
point cover up 은폐하다, 감추다

Let them dare then to carry me to the court of appeals, and let there be an inquest in the full light of the day!

I am waiting.

Mr, President, I beg you to accept the assurances of my deepest respect.

Émile Zola

그들이 저를 감히 항소법원에 끌어낸다 해도 좋습니다. 거기서는 환한 대낮의 햇빛 아래 심리가 이루어지게 해주십시오.

그 순간을 기다리고 있겠습니다.

대통령 각하, 제 마음 깊은 곳에서 우러나오는 존경을 받아주십시오.

에밀 졸라

a court of appeals 항소법원, 상고법원 | inquest 심리(審理)

95 Joseph Conrad to Edward Garnett

3rd Aug. 98

My dear Garnett

I am not dead tho' only half alive. Very soon I shall send you some Ms. I am writing hopelessly — but still I am writing. How I feel I cannot express. Pages accumulate and the story stands still.

I feel suicidal.

Drop me a line and tell me when and how you are.

If you could come down it would be an act of real friendship and also of charity.

My Kind regards and Jessie's love to your wife. Jess is knocked up with the boy's teething performances. He has(and she has also) a rough time of it.

I am afraid there's something wrong with my thinking apparatus. I am utterly out of touch with my work — and I can't get in touch. All is darkness.

Ever yours,

Joseph Conrad

조셉 콘래드가 에드워드 가네트에게

1898년 8월 3일

친애하는 가네트.

　　난 아직 죽진 않았지만 반쯤만 살아 있네. 이제 곧 자네에게 원고를 좀 보내려고 하네. 난 아무 희망도 없이 글을 쓰고 있네. 아직 쓰고 있기는 하지.

　　내가 어떤 기분인지 말로 표현할 수가 없군. 종이만 계속 쌓여가고 이야기는 조금도 진척되지 않고 있네. 정말 죽고 싶은 심정일세.

　　편지로 어떻게 지내고 있는지 좀 알려주게나.

　　여기에 와 줄 수 있다면 그건 진정한 우정의 표현이자 자비로운 행위가 될 걸세.

　　나와 제시 대신 부인에게 안부를 전해주게나.

　　아들애가 이가 나면서 제시는 거의 녹초가 되었네. 애도 (엄마도) 아주 힘든 모양이야.

　　내 사고 장치 어딘가가 고장난 게 아닌가 싶네. 일을 완전히 손에서 놓은 상태라네.

　　전혀 손에 잡히지가 않는군. 모든 것이 암흑이야.

　　　　　변함없는 친구,

　　　　　　　　　　　　　　　　　조셉 콘래드

콘래드(1857-1924) : 영국의 작가
가네트(1868-1937) : 영국의 작가

tho' ~이지만 (=though) | **Ms.** 원고 (=manuscript) | **accumulate** 쌓이다, 모이다
stand still 가만히 있다, 정체되어 있다 | **suicidal** 자살의, 몹시 우울한 | **drop ~ a line** ~에게 편지하다
charity 자선, 자비 | **regards** 안부, 인사 | **teething** 이(젓니)가 남 | **performance** 활동
have a rough time 어려운 시간을 보내다, 힘들어하다 | **apparatus** 장치, 기구
out of touch with ~에 일치하지 않고, ~에 접촉하지 않고
point be knocked up with ~ 때문에 녹초가 되다

96 Ellen Terry to George Bernard Shaw(1)

18 September 1896,

Savoy Hotel.

The timing plays (or rather the *not* timing them!) is where one goes on the rocks for the first few nights, and it comes of not rehearsing, *for at least a week*, each act without a stop.

One does that for the first time on the first night, and of course it's *wrong* at first.

I'm not good at knives and curses, but better at flying to lovers and enduring a good deal in the way of rocks and shocks.

What are *you* best at?

You seem to do everything.

But I remember you made me laugh, and amused me more than I was ever amused, when I saw Arms and the Man.

But then Music (the which I fear I understand nothing of, but love the best of all).

엘렌 테리가 조지 버나드 쇼에게(1)

1896년 9월 18일
사보이 호텔

극의 속도를 조절하다가 (아니면 아예 속도를 조절하지 않다가) 까딱하면 처음 며칠 동안의 공연을 망치기 십상이죠.

적어도 일주일은 모든 막을 중간에 끊지 않고 죽 연습해 보지 않기 때문에 그런 문제가 생기는 거예요.

공연 첫날 밤 처음으로 그렇게 해 보니까 당연히 처음에 잘 될 리가 없는 거구요.

난 원한을 품거나 저주를 하는 데는 재주가 없고 연인에게 달려가서 어려움을 견디는 걸 더 잘해요.

당신이 제일 잘하는 건 뭐죠?

당신은 뭐든지 다하는 것 같은데.

하지만 〈무기와 인간〉을 보았을 때 당신은 날 웃게 만들었고 그 어떤 것보다 날 즐겁게 했지요.

그래도 난 음악이 제일 좋아요. 이해는 하나도 못하지만.

엘렌 테리(1848-1928) : 영국의 배우
버나드 쇼(1856-1950) : 영국의 극작가, 소설가, 평론가.

timing 시간조절, 시기를 맞추기 | go on the rocks 난파하다, 좌초하다 | rehearse 연습하다, 시연하다
act (연극의) 막 | be good at ~을 잘하다 | curse 저주 | endure 견디다, 참다 | amuse 즐겁게 하다
Arms and the Man 조지 버나드 쇼의 희곡 〈무기와 인간〉

Are you best at that? Oh how frightful it must be to know a lot! No possible companionship, for most people know nothing at all!

I'm nearly dead. Pray for me, "wish", for me. My head, and heart, and body all ache. I think I'm just *frightened*.

And, after all, as if anything mattered!

당신은 잘 아나요? 너무 많은 걸 안다는 건 얼마나 골치 아픈 일일까!
대부분의 사람들은 너무 무식하니까 친구도 사귈 수 없을 텐데!
  난 거의 죽을 지경이에요.
   날 위해 기도하고 날 위해 "빌어줘요".
     머리 가슴 할 것 없이 온몸이 안 아픈 데가 없어요.
  내가 좀 겁이 났나봐요.
  결국, 별로 중요한 일도 아닌데!

companionship 교제, 사귐 | ache 아프다, 쑤시다 | frightened 놀란, 겁내는 | matter 중요하다, 문제가 되다

97 Ellen Terry to George Bernard Shaw(2)

Why here's a letter from G.B.S. And he is a vegetarian, is he? I knew of his Jaegerish woolerish ways, but not of the carrots and beans.

Missfire! That's the word. That's what I am doing as I get older. And I shall have to give it up. *You* must advise me to, in public or private, I care not a ha'penny which, and strengthen me in my own opinion.

You honour me by anything you say to me. I should like one thing, that you never mentioned me in print. It's different, it seems to me, now that we have met (?)

But again, what does it matter? *How small.* Only it would be fun to me if you found all fault with me in the eyes of other people, and really, all the time, *liked* me, although with but as small a drop of liking as a wren's eye !

Ellen is a very small person even to consider for a moment such matters. You have become a habit with me, Sir, and each morning before breakfast I *take you*, like a dear pill!

엘렌 테리가 조지 버나드 쇼에게(2)

어머, 여기 G.B.S.가 보낸 편지가 있군요. 그 사람 채식주의자 맞나?

순모직물 옷을 입고 다니는 걸로 알고 있고, 당근이나 콩 얘기는 들어본 적이 없는데.

빗나간 총알! 이게 적당한 표현이겠군요. 내가 늙어갈수록 그런 신세가 되어 가고 있어요. 내가 포기해야 되겠죠.

단둘이 있을 때 아니면 여럿이 있을 때 내게 그렇게 충고해 줘요(어느 쪽이든 난 전혀 상관없어요). 그리고 내 생각이 강해지도록 해줘야 해요.

당신이 하는 말은 어떤 것이든 날 우쭐하게 하죠.

하지만 당신은 글 속에서 나에 대해 언급한 적이 한번도 없어요. 그건 달라요.

나에게는 그렇게 느껴져요. 이제 우리가 만났으니까요.

하지만 역시 그게 뭐 그리 중요한가요? 하찮은 일이죠.

당신이 다른 사람들이 보는 내 모습에서 흠을 찾아낸다면, 그리고 눈곱만큼이라도 항상 나를 정말로 좋아해 준다면 그건 나에게 재미있는 일이 될 거예요.

잠깐동안이지만 그런 생각을 할 정도로 테리는 변변찮은 사람이에요.

당신은 나에게 일종의 습관이 되었어요. 매일 아침에 아침 먹기 전에 마치 귀한 약을 먹듯이 당신을 "복용"한다니까요!

---

why (뜻밖의 일을 발견했을 때) 어머, 아니, 이런 | vegetarian 채식주의자 | Jaeger 예거 천 (순모직물의 상표명) misfire 불발하다, 빗나가다, (목적하는) 효과를 못 내다 | in public 공공연히, 공중 앞에서 in private 내밀히, 비공식적으로 | in print 인쇄되어, 발간되어 | find fault with ~의 흠을 잡다, 비판하다 liking 좋아함 | wren 종달새 | pill 알약

point ha'penny (=halfpenny) (영국) 반 페니 동전, 잔돈, 아주 소량

The only thing that distresses me (though it joys me too) is that you write back again quick — like thought — you kind Dear, when you ought not to waste yourself upon unconsidered trifles.

Well, somehow you will be rewarded, I doubt not, and when Tuesday is past and gone, I'll only trouble you once in a long while, for my grandchildren shall have my time, and I'll take my comfort from them (Selfish!)

At present need, they are too much in the milky way for their drooping grandmother, and your desperately tired and grateful

Ellen Terry

P. S. I won't send this off until to-morrow, and so let you escape for a day.

단 한가지 날 괴롭히는 것은 (날 기쁘게 하기도 하지만) 당신이 빨리 답장을 한다는 거죠.
　별 생각 없이 말한 사소한 일들에 당신을 신경 쓰게 해서는 안 되는데.
　어쨌든, 화요일이 지나가면 당신이 보상을 받게 될 것을 확실히 믿어요.
　내가 아주 가끔씩만 당신을 괴롭히게 될 거예요. 왜냐하면 손자들에게 내 시간을 빼앗
기게 될 테고 난 그들에게서 위안을 얻게 되겠죠(이기적이죠!).
　현재의 어려운 상황에서 그 애들이 이 기운 빠진 할머니에게
너무 벅차기는 하지요.
　지독하게 피곤하고 당신에게 감사하는

엘렌 테리

추신. 이 편지는 내일 부칠 거예요. 당신에게 벗어날 수 있는 시간을 하루 주기 위해서요.

distress 괴롭히다 | waste oneself upon ~에 기력을 소모하다 | unconsidered 경솔한 사려가 깊지 못한
trifle 사소한 일, 하찮은 일 | once in a long while 한참만에, 아주 가끔씩 | at need 어려운 때에
milky 젖의, 유약한 | drooping 축 늘어진, 맥빠진 | desperately 절망적으로, 지독하게

98 Henri Poincaré and Marie Curie to the Federal Institute of Technology at Zurich

(1911)

Herr Einstein is one of the most original minds that we have ever met. In spite of his youth he already occupies a very honorable position among the foremost savants of his time.

What we marvel at him, above all, is the ease with which he adjusts himself to new conceptions and draws all possible deductions from them.

He does not cling to classical principles, but sees all conceivable possibilities when he is confronted with a physical problem. In his mind this becomes transformed into an anticipation of new phenomena that may some day be verified in actual experience ....

The future will give more and more proofs of the merits of Herr Einstein, and the University that succeeds in attaching him to itself may be certain that it will derive honor from its connection with the young master.

Henri Poincare
Marie Curie

헨리 프왱카레와 마리 퀴리가
취리히 연방 과학기술원에게

(1911년)

아인슈타인 씨는 지금까지 우리가 만난 가장 독창적인 사람 중 하나입니다.

젊은 나이게도 불구하고 이미 그는 이 시대의 가장 뛰어난 석학들 중에서도 매우 존경받는 위치에 올라섰습니다.

우리가 무엇보다도 놀라워하는 것은 새로운 개념에 쉽사리 적응하고 거기에서 온갖 가능한 추론을 끌어내는 그의 능력입니다.

그는 물리학적 문제에 부딪쳤을 때 전통적인 원칙들에 매달리지 않고 상상할 수 있는 모든 가능성을 생각해냅니다.

그의 마음속에서 문제는 언젠가 실제적인 경험에서 입증될 수 있는 새로운 현상을 예견하게 해주는 도구로 바뀝니다....

앞으로 아인슈타인 씨의 재능은 더욱더 확실하게 드러날 것입니다.

그리고 그를 초빙하는 대학은 그 젊은 대가 덕분에 큰 영예를 얻게 될 것입니다.

헨리 프왱카레
마리 퀴리

프왱카레(1854-1912) : 프랑스의 수학자, 천문학자, 물리학자

Federal Institute of Technology at Zurich 취리히 연방 과학기술원 | foremost 으뜸가는, 중요한
savant 석학, 학자 | marvel at ~에 놀라다, ~에 경탄하다 | ease 용이함, 쉬움
adjust oneself to ~에 적응하다, ~에 맞추다 | conception 개념 | deduction 추론, 결론
cling to ~ 에 집착하다, ~에 연연하다 | conceivable 생각할 수 있는, 상상할 수 있는
be confronted with ~에 부딪치다, ~에 당면하다 | anticipation 예상, 예견 | phenomena 현상
verified 증명된, 입증된 | derive 끌어내다 | master 대가, 명인

99 Czarina Alexandra Fiedorovna to Czar Nicholas II(1)

Tsarskoje Selo, Dec. 4th, 1916

My very precious one,

Goodbye, sweet Lovy!

Its great pain to let you go — worse than ever after the hard times we have been living & fighting through.

But God who is all love & mercy has let the things take a change for the better, — just a little more patience & deepest faith in the prayers & help of our Friend — then all will go well.

I am fully convinced that great & beautiful times are coming for yr, reign & Russia. Only keep up your spirits, let no talks or letters pull you down — let them pass by as something unclean & quickly to be forgotten.

Show to all, that you are the Master & your will shall be obeyed — the time of great indulgence & gentleness is over — now comes your reign of will & power & they shall be made to bow down before you & listen your orders & to work how & with whom you wish — obedience they must be taught, they do not know the meaning of that word, you have spoilt them by yr. kindness & all forgivingness.

알렉산드라 황후가
니콜라이 2세에게(1)

1916년 12월 4일 차르스코제 셀로

나의 소중한 사람,

잘가요, 사랑스러운 로비! 당신을 떠나보내기가 너무나 괴로워요.

우리가 싸우며 힘들게 겪어냈던 그 시간 이후로 가장 힘든 것 같아요.

하지만 사랑과 자비로 충만하신 하나님께서는 지금까지 더 좋은 방향으로 우리를 인도해 오셨죠.

조금만 더 참고 기도가 이루어질 것을 믿으면 우리 친구의 도움으로 모든 일이 잘 되나갈 거예요. 당신이 통치하는 러시아에 위대하고 아름다운 태평성대가 찾아올 거라고 나는 확실히 믿고 있어요. 그저 용기를 잃지 말고 어떤 말에나 편지에도 낙담하지 마세요. 그런 것들은 더러운 것인 양 흘려버리고 곧 잊도록 하세요.

당신이 지배자라는 것을 모든 사람들에게 보여주면 다들 당신을 받들어 모실 거예요. 한없는 관대함과 부드러움의 시대는 끝났어요. 이제 강력한 의지와 힘으로 통치하는 시대가 온 거예요.

사람들이 당신 앞에 엎드려 절하고 누구와 어떻게 일해야 하는지 당신의 명령에 귀기울이게 될 거예요. 그들에게 복종이 무엇인지 가르쳐 주어야지요.

당신의 친절함과 무조건적인 용서가 그들을 버릇없이 만들었기 때문에 그 말의 의미를 모르고들 있어요.

알렉산드라 황후(1872-1918) : 러시아의 황후, 니콜라이 2세의 부인.
니콜라이 2세(1868-1918) : 러시아 최후의 황제.

czarina (제정 러시아의) 황후 | czar (제정 러시아의) 황제 | take a change 변화하다
be fully convinced 확실히 믿다 | yr.(=your) | reign 통치, 임기
keep up one's spirits 사기(용기)를 잃지 않게 하다 | pull down 떨어뜨리다, 약하게 하다
indulgence 관대함, 너그러움 | bow down 절하다, 엎드리다
point our Friend 그 당시의 러시아 대신 (Gregory Efimovich Rasputin)

Why do people hate me? Because they know I have a strong will & when am convinced of a thing being right (when besides blessed by *Gregory*), do not change my mind & that they can't bear. But its the bad ones.

Remember Mr. Philipps words when he gave me the image with the bell. As you were so kind, trusting & gentle, I was to be yr. bell, those that came with wrong intentions wld. not be able to approach me & I wld. warn you.

Those who are afraid of me, don't look me in the eyes or are up to some wrong, never like me. — Look at the black ones — then Orlov & Drenteln — Witte-Kokovtzev — Trepov, I feel it too — Makarov — Kaufmann — Sofia Ivanovna — Mary — Sandra Obolensky etc., but those who are good & devoted to you honestly & purely — love me, — look at the simple people & military.

The good & bad clergy its all so clear & therefore no more hurts me as when I was younger. Only when one allows oneself to write you or me nasty impertinent letters — you must punish.

사람들이 왜 나를 싫어하는지 아세요? 왜냐하면 내가 강한 의지를 갖고 있고 어떤
일을 한번 옳다고 생각하면 (그리고 그레고리의 지지를 받을 때에도) 끝까지 마음을
바꾸지 않기 때문이죠.

사람들은 그걸 참을 수 없는 거예요. 하지만 그건 나쁜 것들이에요.

필립 씨가 나에게 종의 역할을 당부하면서 한 말들을 기억하세요.

당신은 너무 친절하고 사람을 잘 믿고 다정하니까 내가 당신의 종이 되어서 못된 생각을
품고 접근하는 사람은 가까이 오지 못하게 하고 당신에게 경고해야 해요.

**날 두려워하는 사람들, 내 눈을 바로 쳐다보지 못하는 사람들,
혹은 나쁜 일을 꾸미고 있는 사람들은 날 좋아하지 않지요.**

그 사악한 신하들을 보세요, 오를로브와 드렌텐 — 위트 — 코보체브 — 트레포브,
그리고 또 내 느낌에 — 마카로브 — 카우프만 — 소피아 이바노브나 — 메리 — 산드라
오보렌스키 등등.

하지만 선량하며 정직하고 순수한 마음으로 당신에게 헌신적인 사랑을 바치는 사람들
은 나를 좋아해요. 백성들과 군인들을 보세요.

성직자 중에 누가 선하고 악한지는 너무나 분명하기 때문에 더 이상은 내가 더 젊었을
때처럼 상처를 받는 일은 없어요.

당신이나 나에게 심술궂고 무례한 편지를 쓰는 경우에만 처벌하도록 하세요.

---

besides ~이외에 | Gregory 라스푸틴 대신 | image 인상, 닮은 것, 표현 | wld (=would)
devoted 헌신적인, 애정을 가진 | clergy 성직자들 | hurt 상처를 주다, 아프게 하다 | nasty 심술궂은, 간악한
impertinent 건방진, 무례한
point be up to ~을 꾸미다, ~일을 꾀하고 있다

100 Czarina Alexandra Fiedorovna to Czar Nicholas II(2)

...

Should Mother dear write, remember the Michels are behind her. — Don't heed & take to heart — thank God, she is not here, but kind people find means of writing & doing harm. — All is turning to the good — our Friends dreams means so much.

Sweety, go to the *Moghilev* Virgin & find peace & strength there — look in after tea, before you receive, take Baby with you, quietly — its so calm there — & you can place yr. candels.

Let the people see you are a christian Sovereign & don't be shy — even such an example will help others. —

How will the lonely nights be? I cannot imagine it. The consolation to hold you tightly clasped in my arms — it lulled the pain of soul & heart & I tried to put all my endless love, prayers & faith & strength into my caresses.

So inexpressibly dear you are to me, husband of my heart. God bless you & my Baby treasure — I cover you with kisses; when sad, go to Baby's room & sit a bit quietly there with his nice people.

알렉산드라 황후가
니콜라이 2세에게(2)

...
어머니에게 편지를 써야 한다면 미첼 부부가 그 배후에 있다는 것을 기억하세요.
— 신경 쓰지 말고 마음에 두지 마세요 — 어머니가 여기 안 계시다니,
오 하나님, 감사합니다.
하지만 호의적인 사람들도 글로 해를 끼치는 수단을 찾는답니다 — 모든 것이 잘 될 거예요 — 우리 친구들의 소망이 중요합니다.
모길레브 성모상 앞에 나아가 평안과 힘을 얻으세요.
차를 마신 후나 성찬을 받기 전에 들러보세요. 아기도 데려가세요 — 거긴 아주 조용해요 — 그리고 당신의 촛불을 놓아 둘 수도 있어요.
당신이 기독교를 믿는 군주라는 걸 사람들에게 알리세요. 그리고 주저하는 모습을 보이지 마세요. 그런 행동은 다른 사람들을 도울 뿐이에요. —
앞으로의 외로운 밤들을 어찌할까? 상상할 수가 없어요.
당신을 나의 품안에 꼭 끌어안으며 얻는 위안이 나의 영혼과 마음의 고통을 달래주었는데. 당신을 향한 나의 손길에 한없는 내 사랑과 기원과 힘을 불어넣으려고 했었지요.
당신은 나에게 이루 말할 수 없이 소중한 사람, 마음속 깊이 사랑하는 내 남편이에요. 하나님께서 당신과 내 소중한 아기를 축복하시길 — 당신에게 키스를 보냅니다.
슬플 때는 아기 방으로 가서 아기를 돌보는 사람들과 함께 잠깐 동안 조용히 앉아 있어 보아요.

---

heed 주의하다 | take to heart 마음에 두다, 신경 쓰다 | the Virgin 동정녀 마리아 | look in 들여다보다, 들르다
candel (=candle) | sovereign 주권자, 원수 | clasp 꼭 쥐다 | lull 달래다, 가라앉히다 | caress 애무
inexpressibly 이루 말할 수 없이, 말로 표현할 수 없이

Kiss the beloved child & you will feel warmed & calm.

All my love I pour out to you, Sun of my life. —

Sleep well, heart & soul with you, my prayers around you —

God & the holy Virgin will never forsake you —

Ever your very, very,
Own

사랑스러운 아기에게 입맞춰 주면 마음이 따뜻해지고 평온해질 거예요.
　내 인생의 태양, 모든 사랑을 당신에게 바칩니다 —
잘 자요, 내 마음과 영혼이 당신과 함께 있고, 내 기도가 당신을 감싸고 있어요 —
　하나님과 성모 마리아께서 결코 당신을 버리지 않으실 거예요.

영원한 당신의 사랑

forsake 버리다